KB274811

이벤트 이야기

이봉훈 지음

"사람이 마음으로 자기의 길을 계획할지라도 그 걸음을 인도하시는 자는 여호와시니라…."

전에는 내가 잘났기 때문에 일을 잘하는 줄 알았다. 그러나 지금은 아니다. 그분이 계셔 나와 동행하시고 그분이 나에게로 보내준 이들이 있어 내가 건강한 생각으로 이 일을 할 수 있음을 안다. 그래서 그분과 나와 동행한 모든 이들을 사랑한다.

여기에 기록된 사람들은 전원이 실명이다. 후에 더욱 지위가 높아진 분들도 있지만 당시의 지위를 그대로 사용하였다. 왜냐하면 그분들에게도 분명 올챙이 시절이 있었으며, 그렇게 하는 것이 보다 정직하게 사실을 기록할 수 있기 때문이다. 더불어 그분들에게는 이 글이 지나간 시간의 즐거운 추억이 되었으면 하는 바램이다.

또 이 글을 읽는 이들이 혹 이벤트 계통의 일을 하게 되었을 때 어려운 상황에 처하면—소속이 확실하기 때문에—이분들을 찾아 실무적인 일들을 물어 볼 수도 있을 것이다.

이벤트적인 생각이나 발상은 어려운 현실에 직면하게 되었을 때 더욱 빛나게 된다. 현재 우리나라는 IMF 관리체제하에서 많은 이들이 심각한 취업난을 겪고 있다.

　이런 때에 이벤트는 새로운 창업의 소호사업으로 전망 좋은 한 분야일 수 있다.

　같은 이벤트 회사라 하여도 특별한 아이디어에 따라 많은 틈새 시장이 있음을 명심하라. 전시 전문기획사의 경우 자본금이 있으면 본인이 회사를 설립해서 전시회를 주최 할 수도 있고 그렇지 않을 경우에는 전시 에이전트로서 관련 산업의 전시회에 참가, 대행 기획을 할 수도 있다. 더구나 이벤트는 다른 프랜차이즈 체인점과는 달리 아이디어와 머리 그리고 실전과 이론의 숙달로 창업을 할 수 있다는 좋은 점이 있다.

　이 책은 이벤트 기획·연출에 관심이 있거나 창업에 관심이 있는 사람들에게 많은 도움이 될 것이다.

　정확히 주제를 구분하여 기술하지 않았기 때문에 그 이야기가 그 이야기라고 느낄 수도 있겠지만 이벤트란 무엇인가 하는 생각들, 그리고 기획자(연출자)로서 생각해야 하는 것들, 이벤트 회사를 만들려면 어떻게 해야 하는지를 이야기함으로써 이벤트 연출자가 되거나 이벤트 사업을 창업하고자 하는 이들에게 도움을 주고자 하였다. 또 이벤트에서 무엇보다 중요한 '기획 노하우'에 대해서는 보다 많은 지면을 할애하여 기술하였다.

이 책은 이벤트에 관심이 있는 사람들한테는 재미있고 별난 세계로 가는 여행이 될 수 있고 이미 나처럼 전문적으로 이벤트의 길에 들어선 사람들에게는 자신의 이야기를 담고 있는 수필이 될 수도 있다.

넓디넓은 이벤트의 바다에 어떤 분야가 있는지는 짐작하는 것조차 힘들다. 그리고 그 다양하고 많은 이벤트의 세계를 모두 경험해 볼 수는 없다. 그러나 이 책을 통해 다양한 이벤트 세계를 여행하다 보면 여러분이 현실에서 나와 같은 곤란을 당하거나 비슷한 경험을 하게 될 때 어떤 도움을 받을 수도 있을 것이다. 또 이 복잡하고 어려운 세상에 그저 재미있는 이야기나 수필처럼 읽어 삶을 풍요롭게 하는 것도 좋을 것이다.

이 책이 나올 수 있도록 수고해 주신 도서출판 한울 여러분 특히 거친 문장을 다듬고 정리하여 책이 될 수 있도록 도와주신 이경희 씨와 여기에 기록된 모든 사람들에게 감사드린다. 그들은 나의 삶의 동행자들이다. 이 책은 그들에게 바친다.

1999년 새해를 맞으며
이봉훈

차례

책을 펴내며 *3*

세상보기 *9*

이벤트 사업에 대하여 *12*

좋은 기획이란 *16*

이름짓기 *22*

이벤트 마케팅 *27*

현장답사법 *34*

아무도 가르쳐주지 않는 행사 준비 몇 가지 *44*

눈높이 섭외에 왕도가 있다 *49*

출연료에 관해 *52*

이벤트 연출자가 되기 위해서 *56*

62 애교 있는 괴짜

65 한국오페라단 단장

69 이벤트와 KBS 이원홍 사장

73 사람과 사람들에 대하여

80 프로에 대하여

84 이벤트를 만드는 사람들

94 행복반추

97 입뽕

102 한국 음식과 한국식 음식

106 비와 청소년 민속캠프

109 셰익스피어극단의 보고다노프 불러들이기

바둑 이야기　113

천사는 너, 악역은 나　124

렉처 콘서트　129

야, 돈 벌어라　135

남진의 <가슴 아프게>와 클래식 음악　142

국악을 위하여　147

조수미 산책　155

음악제 여행　158

눈 축제　163

감동전달, 풍선 그 아름다운 비산　167

마리아 칼라스와의 한판승　170

LA에 조직폭력배를 수출하면?　173

178　풍년을 기원하는 풍년축제

182　가야 할 연주회,
　　　가지 말아야 할 연주회

186　향토축제

191　장외 이벤트 코골이 합창

196　5월 유감

200　헝가리무곡 5번

203　이벤트 정도, 이벤트 변칙

207　한강과 여의도

212　이벤트와 이벤트 수상

■ 더 알아두면 좋을 몇 가지　221
계약서/ 사전답사 체크리스트/ 눈과 얼음축제/ 세계의 음악축제/ 지적소유권

세상보기

이벤트를 안다는 것은 세상을 아는 일이다.

무슨 뚱딴지 같은 이야기인가 할지도 모르겠다. 이벤트란 아무것도 없는 상태에서 어떤 생각을 출발시켜 그 생각을 현실에서 찾아내 구체화시키고 그것을 끝까지 마무리하는 것이다. 그럼으로써 일의 전과정을 이해할 수 있다.

어떤 일이나 현상의 한 과정을 제대로 이해한다면 다른 일의 과정도 이해할 수 있지 않을까? 시작과 그 과정을 지켜본다면 웬만큼 결과를 예측할 수도 있다. 이벤트는 그 과정을 이해하고 예측하며 준비하는 것이기 때문에 이벤트를 알면 일의 한 과정이 보이게 된다.

이벤트는 이렇듯 일종의 과정 기술(processing art)이다.

오래 전에 제비족이라고 불리는 사람을 만나 이야기를 할 기회가 있었는데 그들은 여자를 보는 순간 그 여자에게서 얼마만큼의 금품을 울궈낼 수 있는지를 웬만큼 알 수 있다고 했다. 그래서 그들끼리는 서로 여자를 보여주고 사고 파는 거래를 한다고 한다.

장사를 하는 사람들도 오랫동안 장사를 하면 가게에 들어오는 손님이 물건을 살 사람인지 아닌지를 80, 90% 정도는 맞출 수 있다고 말한다. 일반 사람들이야 하루종일 가게에 앉아 있어도 어떤 손님이 물건을 살지 알 수 없다. 그저 그 손님이 그 손님인 것처럼 보인다.

마찬가지로 똑같은 눈을 가지고 보통 사람들은 미술품이나 보석의 진짜와 가짜를 잘 구분 못하지만 감정사들은 구분한다. 어떤 일을 오래 해서 그 일이 일정 수준의 경지에 이르게 되면 그 일이 눈에 훤하게 보인다고 한다. 전문가가 되었다는 뜻이고 세속적인 표현으로 도사가 되었다는 말이다.

오래 전에 친구들과 함께 국전(대한민국 미술대전)을 구경하고 차를 한 잔 마실 기회가 있었다. 친구들이 나에게 전시회의 소감을 이야기해보라고 하기에 작품의 내용, 경향, 기본적인 색조, 전시품, 진열 관계, 동선, 조명, 휴게시설 등에 관하여 이야기하였다. 그랬더니 친구들이 함께 걸어다니며 전시회를 보았는데 언제 그런 걸 다 보고 다녔느냐고 물었다.

그것이 직업이라는 것이다.

미술을 전공하는 사람이 전시회를 보았다면 그림의 구도, 색조, 경향 등 그림 자체를 주로 볼 것이고, 실내장식이 전공이라면 전시장의 내부 꾸미기, 벽면, 디스플레이 장식에 더 관심을 기울일 것이다. 평론가들은 왜 그 작품이 상을 받게 되었는지를 생각할 것이고, 일반 사람들은 내 친구들처럼 어떤 제목의 작품이 상을 받게 되었는지에 관심을 가질 것이다. 서로 보는 내용이나 관점이 사람에 따라 확연히 다른 것이다.

이벤트하는 사람들은 행사장에 가면 무엇을 보았는지, 어떤 것이 좋았고 어떤 것이 불편했는지, 기획자가 전달하려고 하는 것을 제대로 표현했는지, 그곳에 간 사람들은 기획자의 의도대로 느꼈는지, 할 말이 많다.

우리 부서에 새로 부임한 지 얼마 되지 않은 이벤트 신참들과 행사장에 다녀와서 각자 느낀 소감을 이야기하라면 "잘하던데요" 하고 입을 다물어 버리고 만다. 남이 애써 준비한 행사를 욕할 수는 없었겠지만 사실은 느낌이 없는 것이다. 그 일을 꿰뚫어 보는 눈을 가지고 있지 않다는 말이다.

다른 일들도 마찬가지지만 특이 이벤트는 일의 과정을 유추할 수 있는 능력을 갖게 한다. 우리가 이벤트를 제대로 배워 숙달이 되면 일의 과정을 꿰뚫어 보는 눈이 생겨 세상의 일들이 보인다. 더구나 이벤트는 우리의 생활과 밀접하게 관련되는 일들이다. 그래서 이벤트를 알면 세상을 알 수 있다고 말하는 것이다.

이벤트를 알자. 그러면 세상이 보인다.

이벤트 사업에 대하여

1차 산업사회에서는 직접 제품을 만들어 파는 하드웨어적인 것만을 산업이라고 여겼다. 그러나 지금은 소프트웨어적인 산업이 더욱 각광을 받고 있는 시대이다.

현재 이벤트 장치 임차를 전문으로 하는 몇 개 회사를 제외하고는 이벤트 기획사들 거의 대부분이 소프트웨어적인 산업이다.

이벤트 기획사도 종류에 따라 갖가지이다. 얼핏 줄잡아 보아도 공연기획, 전시기획, 결혼기획 대행사, 회의기획, 레포츠기획, 축제 전문기획, 연수기획 … 여기에 다시 '공연'은 음악, 악극, 무용, 연극, 국극, 풍물, 에어로빅, 마술 … 어디 그뿐이랴. '음악'도 다시 순수음악, 대중음악 … '순수음악'은 다시 성악, 기악 … 머리가 핑핑 돌 정도이다.

이 분야의 또 다른 특징은 이것저것 잡화상식 기획사를 할 수도 있고 한 가지만을 전문으로 할 수도 있다는 것이다. 더욱 좋은 점은 이벤트 기획사를 설립하는 데 별로 까다로운 조건이 없다는 것이다. 내용에 따라서 별도의 시설이나 장비가 필요한 경우가 있긴 하지만 기획사의 경우에는 별도 설치 기준이 없다.

이벤트에 관심이 있는 사람들은 어떻게 하면 독자적으로 회사를 설립할 수 있을 것인가 하는 문제가 가장 궁금할 것이다. 주식회사 형태로 설립한다면 설립 절차가 조금 복잡하지만 대부분의 이벤트 기획사는 개인회사 형태를 취하고 있고 사업자 등록을 하는 것만으로 사업을 시작할 수 있다.

여러분이 조금만 부지런하면 이벤트 기획사의 설립은 쉽다. 개인적으로 이벤트 기획사를 설립하려면 사무실 소재지의 관할 세무서에 가서 사업자 등록증을 교부받아 시작을 하면 된다. 같은 기획사라 하여도 광고대행 기획사는 광고제작을 위한 사진 혹은 영상제작 촬영, 편집기 등의 고가 장비들이 필요하지만 장비 임차를 전문으로 하는 이벤트 기획사가 아니라면 회사 설립에 별도로 갖추어야 할 조건이 없기 때문이다. 이 때문에 개인 이벤트 기획사는 전화와 팩스를 두고 자기 집을 사무실로 등록하는 경우도 더러 있다. 또한 거리를 다니다 보면 기획 대행사라는 이름을 자주 보게 되는데 이 대행사의 경우도 마찬가지이다.

이벤트 기획사 중 순수예술공연기획사의 경우, 문화관광부 산하의 공연예술매니지협회에 가입하면 도움이 된다. 국제회의전문가기획사의 경우도 한국관광공사와 연계를 하면 사업에 필요한 정보를 얻는 데 용이할 것이다. 그 밖에 설립하는 이벤트 기획의 종류에 따라 지방자치단체, 필요한 협회 등의 행사나 사업에 관심을 갖고 정보를 수집하는 일도 중요하다.

이벤트 기획사를 설립하는 것은 사실 별로 어려운 일이 아니다. 어려운 것은 어떤 이벤트를 기획하는 회사를 만드느냐 하는 것이며 더욱 어려운 일은 기획하는 일이다. 자체적으로 자금을 조달하여 이벤트를 실시하는 경우라면 모르겠지만 여러분이 아무리 사업성이 확실하고 기발한 아이디어를 가지고 있다고 해도, 국가나 지방자치단체의 이벤트 기획을 수주받는 회사라면, 아무런 경력도 없고 검증되지도 않은 이벤트 기획사에 일을 맡기는 조직이나 단체는 없을 것이다.

이벤트 기획사를 할 의향이 있다면 가장 좋은 방법은 자기 자신이 가장 좋아하는 형태나 종류의 이벤트 기획사에 백의종군 취업해서 일을 배우는 것이다. 사업을 할 때 투자 없이 결실을 얻는 경우는 없다. 일 년이 걸리든 몇 년이 걸리든 어떤 형태로도 배울 것은 배워야 한다.

이 책은 그렇게 배워야 할 경험을 어느 정도 대신하여 주지만 완전하게 대체해 주는 것은 아니다. 살아가면서 자신에게 필요한 모든 것을 다 경험할 수는 없으므로 부족한 부분을 때로는 간접 참가로, 교육으로, 책으로 보완해야만 한다.

북을 잘 치기 위해서는 북채를 잡고 한 번이라도 북을 더 쳐 보라고 고수들은 말한다. 이벤트 기획자가 되는 길은 한 번이라도 이벤트를 기획하고 실시해 보라는 것이다.

이벤트는 아무나 생각할 수 있고 아무나 할 수 있는 것이지만 잘해서 흑자를 내는 회사로 만드는 것은 무척 어렵다. 그 아무나 할 수 있다는 것 때문에 살아남기가 더 힘든 것이다. 그 많은 이벤트 중에서 살아남으려면 독특해야 하는 것은 물론, 사람들의 심금을 울려 감동을 연출할 수 있는 기획을 하여야만 한다.

나에게는 인상적인 공연이 몇 가지 있다. 뮤지컬의 일부로만 여겨졌던 '탭댄스'를 그 자체만으로 훌륭한 공연물을 만들어 세계적으로 선풍을 일으킨 공연, 인간의 가장 원초적인 감성을 자극하여 사람들에게 홍분과 감동을 선물한, 세계 민속예술축제에서 선보인 아프리카 전사들의 단조롭고 반복적인 군무, 우리나라의 농악 악기로 구성된 사물놀이 공연 등이 그것이다. 이러한 것들을 공연기획자가 잘 개발한다면 한 분야에만 치중해도 좋은 공연기획을 할 수 있다.

요즈음은 이 분야로 진출하려는 이들을 위해 책도 나와 있고, 분야별로 이벤트를 전문으로 교육하는 기관도 있다. 대학으로는 서일전문대와 부산예술전문대에 이벤트학과가 있으며, 광고의 한 분야로 이벤트를 가르치기도 한다. 한국문화예술진홍원 등에

서는 공연기획자들을 위해 부정기적으로 예술경영자과정을 교육
하기도 한다.

국제회의 기획자(meeting planner)는 여러 가지 국제모임을 조
직·운영하고 사후 관리까지 하며 부수적으로 따르는 전시회 등
의 이벤트를 기획하는 사람이다. 전문회의 기획자를 위한 프로
그램으로 한국관광공사에서 부정기적으로 실시하는 교육이 있
고, 이화여대 등 일부 대학 사회교육원과 대학원에도 교육과정
이 있으며, 국제회의 전문가교육원도 최근 생겨났다.

물론 대학에서 강의를 받았거나 전문교육과정을 수료했다고
해서 당장 전문가로 인정받는 것은 아니다. 하지만 어떤 분야의
이벤트를 하던 간에 우선 전문교육기관에서 교육을 받거나 나처
럼 동서남북 몰라도 이 분야에 발을 들여놓은 다음 하나하나 경
험을 쌓아 가는 것이 좋다.

아무나 할 수 있는 이벤트지만 정말 잘하기 위해서는 개별적
으로 수많은 경험을 쌓아야만 하고 자기만의 노하우를 습득하여
야만이 이벤트 전문가로서, 전문기획회사로서 살아남을 수 있다
는 것을 당부하고 싶다.

좋은 기획이란

언제나 질문이 있었다.

좋은 기획이란 어떤 것인가?

열심히 만든 기획안을 내놓았는데 아무런 설명 없이 그냥 반려되는 기획서를 놓고 많은 고민을 했었다. 뭐가 빠졌고 뭐가 잘못되었는지, 그게 뭔지를 알기 위해 많은 시간을 방황하였다. 그러나 사실 좋은 기획은 그냥 좋은 것이다. 좋은 것은 이렇고 저렇고 이유가 많이 필요한 것이 아니다. 그냥 우리가 느끼기에 "이거 괜찮구나" 하면 그것이 바로 좋은 기획이 되는 것이 아닌가 한다.

기획이란 처음에 '아이디어 내기'로 시작한다. 많은 자료를 수집하여 아이디어를 내든 가만히 앉아 있다가 갑자기 영감이 스쳐 지나가서 아이디어를 제출하든 간에 기획의 최초 단계는 아이디어 짜기로 시작한다. 이러한 아이디어를 구체적으로 문자화나 부호화한 것이 기획서이다.

여러분이 아이디어를 제출한다면 채택될 수 있는 확률이 얼마나 될까라는 질문을 던져 보면 보통 10% 또는 20% 정도 될 것이라고 말하는 사람이 많다. 많은 아이디어를 가진 사람일수록 많은 아이디어가 채택될 것이라고 생각하는지도 모른다. 그러나 오히려 아이디어가 많다고 하는 사람일수록 실제로 채택되는 아이디어가 확률적으로는 극히 미미한 것을 볼 수 있다. 경험에 의하면 전혀 엉뚱한 곳이나 엉뚱한 사람에게서 제안되는 아이디어들이 빛나는 것이 많았다.

전문기획자들의 말로는 약 1~2% 정도면 적중률이 높다고 한다. 수백 가지의 생각들 중에서 기획으로 쓸모 있는 것은 최종적으로 한두 개뿐인 것이다. 때문에 스스로 아이디어가 없다고 생각하는 사람들은 자신감을 가져도 좋다.

행사의 기획에 무슨 정도가 있으랴마는 그 동안 행사 기획이랍시고 떠돌아다니면서 실시했던 경험을 돌이켜 보면 몇 가지 원칙이 있음을 확인할 수 있었다.

① '최'(最)자 돌림의 기획이 좋다.

최초, 최고, 최대는 기획으로서 좋은 것이다.

무엇이든지간에 최초가 되는 기획은 사람들의 관심을 끌 수 있다. 최초의 공연, 처음으로 보여주는 것, 여러분이 최초의 참가자가 되는 것. 이런 것들은 관심을 끌기에 충분하며 제일 처음으로 한다는 것은 사람들에게 설레임을 안겨 준다. 우리나라에서 처음으로 하는 박람회, 처음으로 하는 올림픽, 처음으로 하는 전시회, 처음으로 하는 … 그런 기획들은 신선함을 줄 수 있어 좋다.

최고에는 두 가지 의미가 있다.

하나는 가장 오래됨이고, 하나는 가장 좋다는 것이다. 사람들은 누구나 좋은 것을 가지고 싶어하며 언제나 그것을 추구한다. 기획 내용이 사람들의 추구함을 성취시킬 수 있다면 성공은 보장받게 될 것이다. 제일 높은 사람이나 건물, 제일 값나가는 것에 관한, 그 시대를 초월하는 '최고'라는 기획은 사람들에게 늘 관심의 대상이 된다.

오래되었다는 것은 전통을 가졌다는 뜻이고 역사가 있다는 의미이다. 또 오래됨은 권위를 가진다. 박물관에 가 보아도 이러한 점들을 느낄 수 있는데 쥐라기 대탐험 전시회의 공룡전, 오래된 미이라, 고구려벽화 전시회, 돈황의 고서 전시회, 화석 전시회 등 오래된 것이 포함된 이벤트 기획이 성공한 것을 보았다. 제일 오래된 것이 기획 속에 있다면 사람들이 흥미를 가질 것은 자명하다.

크다는 것에 대한 동경은 사람들이 원초적으로 가지고 있는 생각일 것이다. 대형 이벤트, 대형 쇼 … 등 단순히 가장 크다는 것만으로도 사람들은 관심을 갖는다. 사람들을 위한 일이라면 많은 이들이 관심을 갖는 기획은 좋은 기획이 될 수 있다. 이벤트를 단순히 사람들을 끌어 모으기라는 원초적인 의미에서 보아도 최대가 포함되어 있는 기획은 좋다.

② 새로움(new)이 있는 기획은 좋다.

최초라는 개념과 비슷한 것으로 이해될 수 있으나 전혀 다른 것이다. 최초는 처음으로 하는 것이고, 새롭다는 것은 새로운 생각이 있다는 것이다. 이는 새로운 해석, 새로운 형태, 새로운 방법이 모색된 기획을 말하는 것이다. 기존의 것을 재구성하여 새롭게 선보이는 것도 새로운 것이다. 답습하는 것은 이벤트가 아니다. 올해는 특별히 복고 바람이 불었다. 옛날로 회귀하는 것이 아니고 새롭게 재해석한 것을 말한다. 동백 아가씨, 이주일과 심순애 등을 재해석해서 새로움을 담아 내놓았다. 이렇게 복고를 재해석하여 새롭게 선보일 수 있기 때문에 그것은 최초와는 다르다.

③ 감동(感動)이 있는 기획.

기획의 내용이나 그 밖의 요소들에서 참여자가 감동을 느낄 수 있다면 좋은 기획이다. 이벤트 기획은 일반적인 기획과는 분명 다르다. 일반적인 기획이 어떤 일을 실천에 옮기는 데 중점을 둔 것이라면 이벤트는 어떤 메시지나 감동을 전달하는 것이라고 할 수 있다.

이벤트는 사람과 사람을 연결하는 끈이 있는 기획이다.

사람들의 향수나 그리움을 불러일으키는 내용의 기획이 사람들의 관심을 끈다. 참여의 즐거움이 있는 기획은 사람들에게 잔잔한 감동을 줄 수 있다. 인간고리, 기아체험 운동, 위 아더 월드(we are the world) 공연, 장애자 세상 열어주기, 송년 사랑 콘서트 … 그 자체에 감동이 담겨 있는 기획은 좋은 것이다.

④ 상식(常識)을 뛰어넘는 기획.

상식적으로 생각되던, 당연한 것으로 받아들이던 것을 뛰어넘어 사람들의 의표를 찌를 수 있다면 좋은 기획이다. 불편했던 것을 오히려 좋은 점으로 부각시킬 수 있는 발상이 있다면 그 기획은 좋은 기획이 될 수 있다. 평범한 것을 내세워 비범한 것으로 만든다면 좋은 기획이다. 비록 실패하여 별 인기가 없어졌지만 '보통사람'이라는 정치적 이미지 구호도 보통의 이미지를 재해석하여 특별한 것으로 만든 기획이다. 이러한 예는 열린 음악회를 철원구 노동당 당사에서 하겠다는 발상, 서로 조용히 착점해야 하는 바둑대회를 상식을 뛰어넘는 축제로 기획한 KBS의 바둑축제 등 말하자면 콜럼버스의 달걀 세우기와 같은 기획을 말한다.

⑤ 독창적인 아이디어(idea)가 있는 기획.

다른 것들과 차별화되는 기획을 말한다. 다른 어느 곳에서도 찾아 볼 수 없는 기획이라면 그것은 좋은 기획이다. 새로움이 있는 기획과 비슷한 것으로 생각될 수 있으나 전혀 다르다.

열린 음악회의 발상은 새로운 것이 아니다. 가곡으로 공연을 하겠다는 가곡의 밤 공연이나 뮤지컬의 한 부분으로 여겨지던 '탭댄스'를 한 무대의 공연물로 기획, 소화한 탭 독스(Tap Dogs)의 공연, 이미 공연되고 있지만 서로 넘나들지 않던 대중음악과 순수음악을 한 무대에 세운 공연 등은 모두 발상의 전환으로 기획된 독창적인 공연이다.

⑥ 욕구(need)를 충족시킬 수 있는 기획이 좋다.

사람들의 욕구를 파악하고 그 욕구를 충족시킬 수 있는 내용이 포함된 기획은 성공을 보장받는다. 인간적인 욕구와 사회적인 욕구는 서로 다르다. 개인이나 사회의 성숙도에 따라 다양하게 나타나는 욕구들을 파악하여 이를 수용할 수 있는 내용의 행사를 기획하였다면 그 기획은 좋은 기획이라고 말해도 좋다. 1997년 IMF 구제금융으로 나라가 어려움에 처했을 때 치러진 '금 모으기 캠페인', '직장 찾아주기 캠페인', '창업 캠페인'은 시의를 반영하는 좋은 기획으로 많은 사람들의 많은 관심을 끌었다.

⑦ 시너지 효과(synergy effect)를 일으킬 수 있는 기획.

경영학에서 시너지 효과라고 하는 것은, 어떤 개별적인 인자들이 서로 결합하여, 개별적인 인자로서 발휘하는 힘보다 훨씬 큰 효력을 발생시키는 것을 말한다.

플라시도 도밍고, 루치아노 파바로티, 호세 카레라스는 제각각으로도 큰 가치가 있는 세계적인 테너들이다. 하지만 그들을 함께 무대에 세웠을 때 그 효과는 엄청난 것이었다. 이렇듯 개별적으로 가지는 효과 이상의 것이 창출될 수 있는 기획은 좋은 기획이다.

좋은 기획에 어떤 고정된 생각이 있을 수는 없지만 그래도 이러한 내용을 담고 있다면 성공할 요인을 가지고 있다고 생각해도 좋을 것이다. 많은 생각을 하고 다른 사람이 실시하는 행사에 참가해서 자신의 경험체계와 정보를 축적하면 보다 좋은 기획을 할 수 있으리라 믿는다.

이름짓기

이름을 어떻게 지을 것인가?

한마디로 이름짓기(naming)는 어렵다.

이름짓기란 이벤트 기획자의 풀리지 않는 화두와 같은 것이다. 속된 말로 좋은 이름은 한몫 먹고 들어간다. 이벤트의 이름이 좋으면 사람들에게 잊혀지지 않는 이미지를 줄 수 있고, 좋은 이름은 사람들을 불러 모은다.

이름에 영향을 받는 것은 매우 많다. 책 제목에서부터 기업이름, 상품이름, 각종 모임이름, 공연물의 제목, 행사명, 우리가 날마다 대하는 신문의 제호 뽑기 그리고 사람 이름짓기에 이르기까지 다양하다.

이름짓기는 누구나 할 수 있다. 다만 잘 짓기가 어렵다. 여러분이 사회생활을 하다보면 각종 모임에 참여하게 될 것이고 이러한 모임을 차별화하기 위하여 한두 번쯤은 이름을 지어본 경험이 있을 것이다. 또 어느 때에는 각종 단체에 소속되어 행사를 개최하면서 본의 아니게 행사 이름짓기를 할 경우가 생긴다. 구성원 중에 전문가가 있다면 다행이지만 그렇지 않으면 여러분 스스로가 이름을 지어야 한다. 이름은 그 일에 직·간접으로 많은 영향을 준다. 그래서 여간 고통스러운 것이 아니다.

이름짓기는 대상에 따라 발상을 달리해야 한다.

책 이름은 그 내용과 양에 있어서 너무나 다양하다. 함축적이었던 『감자』, 『무정』에서 『별들의 고향』, 『무궁화 꽃이 피었습니다』, 최근의 『일본을 알면 경제가 보인다』 등 매우 산문적인 이름까지 시대성을 반영하고 시대의 관심을 따라 지어진 이름들이 눈에 띈다. 특별히 물고기나 호텔 혹은 과일에 비유한 책 이름들이 성공을 거두었던 것도 볼 수 있다. 지방자치제 실시 이후로 각 자치단체들의 자기 고장의 명예를 걸고 기발하게 내세운 상품명이 산문적인 표현들로 사람들의 관심을 끌고 있는 것도 간과할 수 없다.

상품에서는 '햇살 담은 조림간장', '꽃을 든 남자', '태양과 바다의 혜택' 등 길고 튀는 제목들이 인기를 끌고 있으며 또 같은 상품이라도 자동차는 세계적으로 통용되고 발음상의 문제가 없어야 하며 의미가 다른 언어권에서 이상스럽게 해석되지 않는 짧은 이름을 지어야 한다.

영화 '라스베가스를 떠나며'와 '엄마 어렸을 적엔…' 하는 인형전시회가 많은 사람들을 끌어 모았다. 물론 이들 행사나 영화 자체가 내용이 좋았다는 것은 말할 필요도 없지만 이름 덕을 본 것도 부인할 수 없는 사실이다.

이벤트에서는 시대를 반영하는 튀는 이름, 내용에 대한 이미지가 좋은 이름들이 성공하는 경향을 보이고 있다. 출연자가 좋을 경우 출연자를 활용한 이름을 짓거나 내용이나 형식이 좋을 경우 이미지를 잘 살린 이름이 성공하는 경향을 보이고 있다.

어떤 이름이 좋은 것인가?

어떤 이름이 좋다는 정형은 없다. 그래서 이름짓기가 더욱 힘들다는 것이다. 정형은 없지만 여태까지 지어진 이름들을 가만히 살펴보면 좋은 이름이 되기 위해서는 몇 가지 조건을 가지고 있다. 이름짓기에서 그러한 조건을 알면 그 어렵다는 이름짓기가 조금은 쉽지 않을까?

여기서 좋은 이름이 되는 조건을 알아보자.

① 한 마디로 설명되어야 한다.

이름은 어떤 일의 대표선수이다. 일의 내용을 한 마디로 설명할 수 있어야 한다. 이름만 보면 그것이 무엇을 하겠다는 것인지를 단번에 알 수 있어야 한다. 예를 들어 영화 감독 '스티븐 스필버그'를 초청하여 영화에 대한 강연을 듣는다고 하자. 멋있는 행사 제목을 지어 보겠다고 '흥행 천재 스필버그 영화 강연회', '스필버그와 함께 하는 영화 이야기'라고 한다면 스필버그의 영화를 이야기하겠다는 것인지 아니면 스필버그가 강연회를 한다는 것인지 도무지 알 수 없다. '스필버그 초청강연—영화와 흥행 이야기'라고 한다면 보다 명확한 이름짓기가 될 것이다. 또한 스필버그의 경우는 강연자 자체가 사람을 끌어 모으는 힘이 있기 때문에 이를 최대한 활용하는 것이 좋다.

② 광고적 효과가 있는 이름이어야 한다.

이는 현시대에서 가장 좋은 이름이다. 한 번 보고 들으면 결코 잊혀지지 않는 기발한 이름이 좋다. 비상식적이거나, 엉뚱한 발상을 가능케 하거나, 성적 매력을 가진 이름들은 광고적 효과가 있다. 광고에서는 더러 궁금증을 유발토록 하는 이름을 지어 사람들의 관심을 불러일으키기도 한다. 이벤트가 사람 모으기를 하는 것이니만큼 이름 자체에 사람을 끌어 모으는 힘이 있다면 얼마나 좋을 것인가?

③ 친근감이 있는 시적·산문적 여운의 이름이 좋다.

시적·산문적인 여운의 이름은 향수, 그리움, 이웃집 아주머니 같은 포근함이 있어 사람들을 불러 모은다. 사람들에게 정감있게 다가온다. 그렇다고 시적·산문적인 이름이 다 좋은 것은 아니다. 때로는 애매모호하여 혼돈을 불러일으킬 수 있음을 명심해야 한다.

같은 제목이라도 '아이디어 창출의 저자 홍길동 초청강연'보다는 '홍길동 초청강연-고정관념 깨기', '이중섭 그림 전시회'보다는 '이중섭, 그 회화의 세계'로 한다면 보다 기대감이 있는 시적·산문적 표현이 될 것이다.

④ 세태나 시대를 표현할 수 있는 이름.

이름이 그 시대의 특징을 표현해 내거나, 세태를 대변할 수 있다면 좋은 이름이다. 이러한 이름들은 우리 스스로를 대변하는 인상을 주어 동질감을 느끼게 하고 친근감을 준다. 인간시대, 보통사람들, 신세대, 복고마당 등의 이름들은 세태를 표현하여 사람들의 관심을 끌고 있다.

함축과 암시 그리고 상징, 이것은 모든 이름짓기의 내용을 망라한 것이다. 이름짓기에는 직설적 표현, 역발상적 표현, 서정적 표현 등도 있어야 하지만 함축적이고 암시적이며 상징적이어야 한다. 이런 것을 작명이라고 할 수 있다.

중요한 것은 한마디로 말해 '좋은 이름이 좋은 이름'이라는 것이다.

사람들이 그 이름을 듣는 순간 '아! 참 좋구나' 하는 느낌을 가졌다면 좋은 이름이다. 어떤 이름이든지 나쁜 점을 찾기 시작하면 얼마든지 찾아낼 수 있지만 느낌으로 혹은 의미로 와 닿는 이름, 즉 여러 사람이 '좋다'라고 생각하면 좋은 이름이다.

이름짓기를 화두 삼아 매일 자신을 괴롭히는 많은 사람들이 있다. 무엇을 어떻게 해야 된다는 규범이 없을 때 그 일은 어렵다. 창조성을 가지고 있기 때문이다.

작명가에서 광고 카피라이터에 이르기까지 전문적으로 이름을 짓는 직업은 고대로부터 현재까지 존재하고 있다. 직업적인 작명가가 있음에도 불구하고 좋은 이름을 짓는 일은 정말 쉬운 일이 아니다.

이벤트 마케팅

기업의 판촉 이벤트를 해보지 못한 사람이 무슨 이벤트 마케팅을 이야기하는가 할지도 모르겠다. 그러나 여기서는 기업의 판촉 이벤트 마케팅이 아니라 이벤트 자체를 마케팅하는 것을 이야기하고자 한다. 이벤트 마케팅은 원고지 몇 장으로 이야기하고 끝낼 수 있는 성질의 것이 아니다. 많은 연구를 통해 지속적으로 관심을 가지고 방법론을 개발하여야 할 분야이다.

대형이벤트라고 할 수 있는 올림픽과 과학기술 및 산업박람회인 대전 엑스포 이후로 우리나라에서도 이벤트를 산업의 한 분야로서 눈뜨게 되는 경향이 광범위하게 일어났다.

다시 말해서 이벤트가 단순히 문화를 담아 전달하는 도구로서뿐만 아니라 이를 중요한 고부가가치 산업의 한 분야로 생각하는 새로운 경향이 확산되었다고 할 수 있다. 이미 일본이나 미국 등의 선진국에서는 이벤트가 아이디어(idea), 벤처(venture), 혹은 소호(soho) 산업으로 각광을 받고 있으며 보다 기발한 방법으로 이벤트를 홍보하는 등 마케팅에 관한 기법이 날로 발전하고 있는 실정이다.

근래에 들어 문화예술 분야에서 기업마인드가 강조되고 있다.

문화에 기업마인드를 도입하라는 것이 문화를 가지고 기업처럼 이윤을 남겨서 돈벌이를 하자는 의미는 아닐 것이다.

문화예술 분야의 기업마인드란 기업적인 기법을 도입하여 문화예술을 보다 효과적으로 전달·표현해 이를 재창출하는 데 의미를 두자는 말일 것이다.

이렇게 문화예술을 전달하는 한 방편으로 이벤트라고 하는 전달매체를 사용하게 되는데 여기서는 문화예술을 이벤트로 담아 마케팅하는 기술적인 문제를 이야기하고자 한다.

문화 마케팅의 또 다른 의미는 문화의 산업화와 관련한 문화의 수출과 수입을 위한 마케팅이라는 말로 이해될 수 있다. 문화예술을 앞세워 자국의 문화를 즐기도록 하고 결국 문화수입국이나 종속국을 만들어 그 상품을 수출까지 하는 것이다.

즉 팝송이라고 하는 미국의 대중문화가 유입됨으로써 이와 관련한 음반, 비디오 테이프 그리고 미국 팝가수의 콘서트 등 문화와 관련된 다양한 사업을 기획할 수 있다는 의미이다. 요즈음 문화개방정책으로 시작된 일본문화의 유입에 우리나라가 신경이 곤두서 있는 것도 어떻게 보면 아직 취약한 문화이벤트산업의 한 단면으로 생각할 수 있다. 지금부터라도 이러한 문화사업에 기업적인 생각이나 기법을 도입하여, 문화·예술을 단순히 즐기는 차원이 아닌 고부가가치산업으로 발전시키기 위해 이벤트 마케팅에 관한 연구가 활발하게 이루어져야 한다.

사실 이벤트는 상품이 아니다.

이벤트에 포함된 내용에 상품이 있을지라도 이벤트 자체가 상품은 아니라는 뜻이다. 이벤트가 상거래적인 상품인가 아닌가에 대해서 굳이 따지고 증명하고 싶지는 않다. 그러나 이벤트를 개최하고 실시하기 위해서는 많은 경비가 필요하며 이러한 경비를 조달하기 위해서는 반드시 마케팅 전략이 필요하다.

이벤트를 마케팅하는 것은 일반 상거래에서의 마케팅과는 약간 다른 양상을 띠고 있지만 결국 양쪽 다 이벤트나 상품을 알려서 판매하거나 협조를 얻는 것, 즉 돈을 마련하는 것이 궁극적인 목표이다.

이벤트에서 돈을 마련하는 방법에는 여러 경로가 있다.

크게 나누어 국가 또는 지방자치단체의 예산을 지원받거나, 특정단체 또는 기업의 후원금을 얻어 내거나, 기획자 자신이 직접 이벤트를 판매하는 형태인 입장권의 판매, 참가 분담금 징수 등이 있다.

특별한 목적을 위해 외부로부터 자금을 받거나, 이벤트를 팔아서 자금을 조달하거나, 아니면 두 가지 경우를 혼합하거나 또 다른 여러 가지 기법을 개발하는 것이 유능한 이벤트 기획자가 해야 할 일이다.

여러분이 이벤트 회사를 설립한다면 어떻게 이벤트를 팔아서 다음 이벤트를 위한 자금을 마련할 것인가 하는 가장 중요한 문제에 부딪치게 될 것이다. 개인 이벤트 회사에서는 그 담아 내는 내용(soft)보다는 이벤트 마케팅에 더욱 많은 시간을 할애해야 하는 것이 현실이다.

그것은 이벤트를 단순히 판다는 것이 아니라, 보다 효과적이고 경제적으로 마케팅을 하여 이벤트를 성사시키고 자금을 남겨 다음을 준비해야 한다는 뜻이다.

이벤트를 팔기 위한 가장 기초적인 작업으로 우선 이벤트 자체에 대한 설명이 있어야 한다. 즉 무엇을 어떻게 하겠다는 것인지 분명한 논지가 있어야 하며 그러한 설명을 할 수 있는 기회를 만들어야 한다. 이것은 여러분의 제안이 해당기관이나 조직에 얼마만큼 가치가 있으며 어떤 효과가 있을 것인가를 잘 알리고 설득하느냐에 달려 있다. 제목이나 주제만으로 이벤트를 설명할 수도 있지만, 제안서를 작성하여 첨부하는 것도 중요하다.

이벤트를 마케팅하기 위해서는 과연 무엇이 필요한가?

조세프 골드블래트는 그의 책(우진영 역, 『스페셜 이벤트』)에서 이벤트 마케팅의 중요한 내용에 대해서 다음과 같이 말하고 있다.

일관된 정책이 신뢰를 얻는 데 중요하다면, 일의 가치를 시장에 알리는 것 또한 중요하다. 이것이 마케팅 기능이다. 이 일은 인쇄물, 전화 또는 개인적인 접촉 등으로 시작되는데 가장 중요한 내용은 다음의 사항들이다.

- 이벤트로 인해서 얻을 수 있는 기대 효과
- 서비스나 상품의 구체적 설명
- 책임질 수 있는 행사 수준이나 약속
- 직업적인 전문성을 입증하는 증빙자료

이벤트의 기획으로 얻을 수 있는 효과나 기대, 행사의 수준과 이를 담보할 수 있는 기술적이고 전문적인 보증, 이러한 것들은 제안에 필수적으로 포함되어야 할 사항이다. 결정권자가 이벤트에 대한 아무런 기대도 없이 그리고 수준도 보장되지 않은 상태에서 이를 후원하거나 사주지는 않기 때문이다.

기획한 이벤트를 판촉하기 이전에 기획자가 기본적으로 준비할 일들이 있다. 우선 제안서를 작성하고 그것을 사줄 사람과 그것이 필요한 사람을 만나는 일이다. 이 일들로 이벤트 마케팅이 시작되고 종결된다.

성공적인 이벤트 마케팅을 하기 위해서는 우선 기획의 내용이 좋아야 한다. 정말 좋은 아이디어가 있는 기발한 이벤트를 준비했다면 사람들의 관심을 끌고 비용을 구하기가 보다 쉬워질 것이다. 별도의 인맥에 의해서 이벤트의 비용을 마련한다 할지라도 결국은 기본적으로 기획한 이벤트의 내용이 좋아야 한다는 것은 틀림없는 사실이다.

대상에 대한 목표나 목적의 동질성을 확보해야 한다.

아이디어가 좋다고 무조건 모든 기업이 관심을 갖는 것은 아니다. 그 기업이 추구하는 목표나 이미지와 맞아야 한다. 아무리 좋은 아이디어라 할지라도 기업이 추구하는 기본적인 이미지와 맞지 않는다면 협찬을 얻는 것이 쉽지 않다.

1997년 5월, 어린이 바둑대회를 개최했을 때 일이다. 협찬사를 구하기 위하여 스포츠용품 회사에 자금의 지원을 의뢰한 적이 있었는데 기업의 이미지와 맞지 않는다는 이유로 거절당했다. 협조를 얻어야 할 상대 기업이 어린이를 대상으로 하는 과자 회사나 아동복 회사라면 아이들을 위한 이벤트 기획일 때 기업의 관심을 얻을 수 있을 것이다.

기업의 홍보팀 혹은 판촉팀과 접촉하게 되면 기획한 이벤트를 실시하였을 때 반사적으로 얻을 수 있는 효과를 잘 설득하여 협조를 구한다. 이벤트에 참가하는 대가로 판매의 신장이나, 이미지의 제고 등 어떤 이익을 얻을 수 있다면 이익을 추구하는 기업의 관심을 끌어 들일 수 있다.

대상자가 원하는 요구를 파악하여 이를 만족시킴으로써 협조를 얻는다. 봄이 되어서 가족들과 어디라도 나들이를 하고 싶다는 욕구를 파악했다면 이에 알맞는 이벤트를 기획하여 협조를 얻을 수 있다. 기획한 이벤트를 직접 판매하는 형태인 입장료를 받거나 참가비를 받는 경우에도 사람들이 추구하는 가치나 욕구 만족에 초점을 맞추면 이벤트를 판촉하기가 보다 쉬울 것이다.

전략적인 접근이 필요하다.

국가 단체나 기업의 의사 결정 과정은 공익성이나 그 조직의 문화가 많은 영향을 미치지만 개인에게는 흥미나 이익이 결정에 영향을 준다. 따라서 조직을 상대로 마케팅하는 것과 개인을 상대로 이벤트를 판촉하는 내용은 분명히 달라야 한다. 판촉하려는 대상에 따라서 적절한 접근방법이 필요하다.

일반 이벤트 회사에서 국가기관의 협력을 얻고자 할 때 주최

기관의 신뢰도가 문제가 될 때가 많다. 많은 사람들에게 유익한 일임에도 불구하고 주관 기관의 신뢰도 문제 때문에 필요한 협조를 얻지 못하여 애태울 때가 한두 번이 아니다. 기관의 연역, 활동 내용, 조직 등을 정리한 회사 소개를 첨부하면 도움이 될 수 있다.

일상에서 이루어지는 개인적인 관계에서도 상대방의 이력사항을 중요시 하듯 공공기관이나 공기업에서도 내력을 매우 중요하게 여긴다. 합리적이라고 하는 사람들이 보면 그게 뭐 그렇게 중요한 것인가 하고 생각할 수도 있겠지만 현실적으로 회사 소개는 확실히 도움이 된다.

이벤트 회사들은 국가기관, 지방자치단체, 기업의 협조 등을 받아 이벤트를 치르고 있다. 이때 사용되는 용어, 즉 주최, 공동주최, 주관, 공동주관, 후원, 협찬, 협조 등의 용어는 정부기관과 일반 민간단체에서 사용하는 의미가 서로 다르다. 현재까지도 그 용어들이 제대로 정리되어 있지 않은 실정이며 사실 이러한 논의는 때늦은 감이 있다. 이벤트 마케팅을 이야기하다가 갑자기 협력에 대한 용어의 정의를 논해 여러분은 다소 어리둥절한 생각이 들기도 하겠지만 이 역시 이벤트를 판촉하기 위한 수단과 과정이다.

일반적으로 국영기업이나 민간회사에서는 대외적인 책임을 지는 조직을 주최라고 사용한다. 그러나 정부조직에서는 이를 주관이라고 명칭한다. 민간기관에서의 주관의 의미는 실제로 그 일을 추진하는 모든 책임을 지는 조직을 말한다. 협찬은 보통 현금이나 현물 등의 물질적인 도움을 주는 경우에 사용하지만 후원이라고 해서 물질적인 도움이 없는 것은 아니다.

나는 협력관계나 책임의 소재를 분명하게 하기 위해서라도 이러한 용어의 명확한 개념 정립이 필요한 시점이 왔다고 생각한다. 이러한 용어의 정리가 현실적으로 어려움이 있다면 '협력 혹은 도움'으로 통일하면 어떨까 하고 제안해 본다.

우리 회사뿐만 아니라 모든 이벤트 업체들이 국가나 공공기관, 공기업의 행사의 용역을 맡거나 비용을 지원받아서 행사를 치를 때는 정산과 결산을 하여야 한다. 그러나 용역계약에 의하여 행사를 할 때는 정산 절차를 거치지 않는 경우가 있다. 정산은 대체로 감사원의 감사대상이 되는 기관이 거의 해당된다고 보면 맞을 것이다.

일반 이벤트 회사에서 공공기관의 행사를 주관한다면 행사 종료 후 각종 증빙자료를 첨부하여 정산을 하여야 하는데 일반 이벤트 회사에서는 이런 관행을 잘 몰라 국가기관의 행사를 용역받는 데 어려움을 느낄 때가 많다. 정산은 실제로 사용한 금액의 영수증을 첨부하여 사용처와 용도를 명확히 기재하여야 한다. 이벤트 회사에서 공공기관을 상대할 때 정산의 방법을 정리하여 프리젠테이션(presentation)을 하면 도움이 된다.

우리에게는 무엇이든지 계수로 설명해야만 직성이 풀리는 경향이 있다. 이벤트에서 계수에 너무 집착하면 새로운 생각과 생명력을 불어넣는 데 실패할 수 있다. 이벤트는 역동적이고 창조적인 작업이다. 한 가지 생각에 집착하여 창의력을 손해본다면 기획의 생명력을 잃는다. 처음 이벤트를 기획할 때는 잘못하거나 실패할 수도 있고, 많은 돈을 들였는데 그 효과가 반감할 수도 있다. 보다 중요한 것은 협력을 얻기 위해서 먼저 기본적인 사항에 충실하고 현실 상황에 맞는 새로운 것을 개발해야 한다. 그리하여 많은 시행착오도 겪고 책이나 다른 사람들의 이벤트를 통해서 간접체험을 하여 자신의 이벤트 기획력을 높여 간다면 마침내 그 일에 숙달할 수 있고 이러한 경험을 통해서 이벤트를 실패 없이 잘할 수 있게 되는 것이다.

전문가라고 해서 기획한 것이 반드시 성공하는 것은 아니다. 전문가란 다만 실패할 확률이 적다는 의미이다.

현장답사법

여행은 사람을 느슨하게 한다.

특별히 장거리나 해외 현장답사는 업무의 난이도와 관계없이 꽉 짜여진 일상에서 일탈하여 여행을 떠나는 기쁨으로 가슴을 설레이게 만든다. 아무리 어려운 임무가 주어진다 해도 일단 답사여행이라고 하면 사람들은 비교적 가벼운 마음으로 업무에 임할지도 모른다. 더구나 수 차례 답사여행 경험을 가진 베테랑들은 비교적 큰 부담 없이 홀가분한 마음으로 여행하는 기쁨을 맛볼 수도 있을 것이다.

그러나 여러분들이 처음으로 임무를 맡아 답사여행을 하게 된다면 아마도 심리적인 부담이 클 것이다. 나도 처음 해외 답사여행을 가게 되었을 때 설레임 반, 걱정 반으로 비행기를 탔던 기억이 새롭다.

어떻게 하면 현장답사를 제대로 할 수 있을까, 현장에 가서 과연 어떤 일을 하고 와야 제대로 다녀온 것인가 하는 질문을 할 수 있다. 행정에서도 현장 행정을 강화하고 있는 것이 오늘날의 추세이지만 이벤트에서 현장답사는 매우 중요하다. 특별히 현장에서 교류하는 특성을 가지고 있는 이벤트를 실시함에 있어서 현장답사의 중요성은 두말할 필요도 없다.

나는 현장답사를 하지 못한 행사는 가능한 한 하지 않는다. 현장을 모르면 준비를 제대로 할 수 없기 때문이다. 나는 그 이벤트를 통해 아무리 얻는 것이 많다고 하여도 현장답사를 하지 못한다면 그것을 포기하는 것이 옳다고 생각한다. 그런 이벤트 기획은 결국 자신을 속이고 다른 사람을 기만하게 되며 결국 많은 사람들에게 피해를 주거나 희생을 강요하게 된다.

현장답사는 맡겨진 일을 잘할 수 있도록, 또 시행착오를 줄이기 위해서, 돌발적인 상황에 대처하기 위해서 실시하는 것이다. 평소에는 현장을 확인할 것을 강조하다가도 담당자가 현장답사를 위해서 특별히 장거리 혹은 해외 출장을 가겠다는 품의서를 올리면 결재권자는 마치 휴가가는 것이라고 생각하는지 비용절감을 이유로 보내지 않으려고 한다.

그러나 정말 비용을 아끼려 한다면 출장을 제대로 보내는 것이 좋다. 현장답사를 제대로 하여 확인이나 자료수집을 잘하면 많은 경비를 절약할 수 있다. 그러나 아직까지도 우리나라에서는 회사일로 외국에 답사여행을 간다는 것은 조금 고생이 되더라도 조직생활에서 일종의 덤으로 보상을 받는다는 의미를 가지고 있는 것이 사실이다.

1992년 우리나라에서 영국의 셰익스피어 연극 공연을 하였을 때 일이다. 이 공연단은 우리나라에서의 일정이 끝난 후 일본에서 공연을 하기로 되어 있었다. 이때 일본의 무대 담당자가 사전에 입국하여 일주일을 넘게 체류하면서 무대를 실측하고 세트를 점검하는 치밀함을 보여 나는 행사를 대하는 그들의 자세에 대해 부러움과 함께 존경의 마음이 들기도 했다.

현장답사는 그저 현장에 다녀오는 것이 아니다.

가슴 설레는 생각만으로 답사여행을 무작정 갔다 온다면 결국 그 피해는 나중에 동행하는 많은 사람들에게 직·간접으로 돌아가게 된다. 현장답사는 현장을 파악하고 숙지함으로써 기획한 이벤트를 잘 표현하고 진행하는 데 무리가 없는가를 확인하는 것이며 계획표에 따라서 실제에서 해야 할 똑같은 내용을 답사자가 단축하여 확인하는 과정이다.

실제로 현장에 가서 이루어질 모든 내용을 사전에 준비하고 이것을 실시하는 데 발생할 수 있는 여러 가지 돌발적인 요소들을 확인한다면 현장답사는 잘된 것이다. 물론 한 번의 현장답사로 모든 것을 알 수 있는 것은 아니다. 여러 번 답사를 할 수 있다면 좋겠지만 시간과 재정적인 문제 등으로 그렇게 할 수 없다면 사전에 철저히 준비하는 수밖에 없다.

현장답사를 가기 전에 필요한 모든 것을 가상하여 준비한다. 또 구체적인 세부 실행계획서도 함께 준비하여야 한다. 해외에서, 특히 선진국의 경우는 행사기획자가 현지에서 실시할 모든 내용을 미리 확정해서 답사를 가는 것이 중요하다.

캐나다에서 공연을 하기 위해 현지답사를 갔을 때 일이다. 현지 스태프들과 미팅을 하게 되었는데 우리 측에서는 공연장만 보고 실측 도면을 가지고 공연 프로그램을 준비하려 했다. 그런데 그쪽 무대감독은 프로그램이 있어야 조명, 음향, 무대, 소품 등을 준비할 수 있으며 실질적인 회의도 할 수 있다는 것이었다. 결국 숙소로 돌아와서 밤을 새워 프로그램을 작성하고 본국과 연락하여 승낙을 받았지만 시차적응도 못한 채 불면으로 눈이 벌겋게 충혈되어 답사여행의 즐거움을 느낄 여유조차 없이 다시 극장측과 회의를 하여 일을 마쳤다. 우리가 미리미리 공연 프로그램을 준비하였더라면 여유 있는 답사여행을 즐겼을 것이다.

일은 사람이 하는 것이다.

현장을 답사하여 현지의 도움을 얻을 수 있는 기반을 마련하는 것도 협장답사에서 해야 할 중요한 일 중의 하나다. 결국 사람이 일해야 하는 이벤트는 사람을 확보해야만이 성공할 수 있는 것이다. 현지에서 이루어지는 각 중요 포인트마다 필요한 사람의 연락처, 협력할 내용, 임무 목록을 작성하면 실제 일을 진행할 때 매우 도움이 된다.

해외 공연을 할 때 통역 한 사람을 소개받게 되었는데, 이분의 전공이 나의 일과 관련이 있고 일본의 문화나 관습에도 능통하여 많은 도움을 받았다. 나는 사람을 구할 때 꼭 물어 보는 말이 있다. 지금 우리가 해야 할 일과 그 사람이 해야 할 일을 좋아하는지를 반드시 묻는다. 사람은 자기 자신이 좋아하는 일을 하게 되면 매우 열심히 하기 때문이다.

답사는 이동을 전제로 한다.

근거지를 나선다는 것은 이동한다는 의미를 가지고 있다. 현장답사에서는 비행기, 기차, 선박, 차량, 동물 등의 이동 수단이나 이동해야 할 인원을 확인하고 점검하여야 한다. 그리고 이동 수단이 교체될 경우 연결관계까지 확인해야 한다.

오래 전 일이다.

일본의 재일거류민단을 위해 공연을 한 일이 있었는데 그때 내부 사정으로 현장답사와 본공연을 서로 다른 사람이 가게 되었다. 내가 60여 명이나 되는 공연단을 이끌고 도쿄의 나리타공항에 도착하였더니 공연단을 태울 리무진 버스 두 대만 달랑 나왔다. 악기와 공연장비를 실어야 할 트럭 등을 사전답사 팀에서 계약하지 않은 것이다.

이런 일은 사전답사자가 정확한 연주여행 일정을 확정하여 답사시 공항에서 숙소, 숙소에서 공연장의 이동과 연결을 확인하고 정확하게 준비하였다면 별 어려움 없이 진행할 수 있지만 그렇지 않고 대충대충 일처리를 하면 본 공연의 인솔자가 결국 그 짐을 떠안아야 한다.

집 나서면 고생이다.

그 고생에는 아마도 먹고 자는 일의 불편함까지 포함되어 있을 것이다. 해외공연에 공연단을 이끌고 나가서 고생한 사람이 어디 나쁘이랴만은 대부분의 사람은 남의 팔 부러진 것보다 자신의 손가락에 박힌 가시 하나를 더욱 아프게 느끼는 법이다.

나의 경우 해외공연 경험을 많이 쌓은 지금은 좀 덜하지만, 초기에는 해외에 나가서 고생을 많이 했다. 혼자서 해외여행을 하게 되는 경우도 마찬가지지만 공연단을 이끌고 해외 연주여행을 하게 되면 더욱 힘들다. 사람들에게 의·식·주는 생존본능에 관한 가장 기본적인 욕구이기 때문에 아무리 잘해도 부족하다고 느끼는 것일지 모르겠다.

우리가 일상적으로 먹는 음식일 때는 별 어려움이 없으나 단체식사 주문시에는 개별적인 금기 음식에 대한 대책을 세워야 한다. 언젠가 인도 전통민속예술단을 초청하여 공연을 하였는데 그 중 몇 사람이 채식주의자이어서 특별히 음식에 관심을 기울여야 했었다.

해외에 가면 우리 입맛과 맞지 않는 음식이 있기 때문에 주의해야 한다. 숙박시설은 본 숙박시설과 편의시설, 가용시설과 숙박지 주변의 환경 등을 답사하고, 음식에 관한 사항은 식사의 메뉴, 인원, 식당의 크기 등을 확인하는 것이 필요하다.

이벤트를 하는 사람이라면 누구나 단 한 번만 확인하면 별 문제가 없었을 것임에도 먹는 일과 잠자는 일 때문에 지방이나 해외공연에서 고생을 한 경험들이 있을 것이다.

일반적으로 조직 생활을 하는 사람들은 이성적인 데 비하여 아티스트들은 감성적이다. 예술가들이 조그만 일로 서로 다투고 나서 평생을 이야기도 않고 지내는 경우를 왕왕 본다. 또 많은 출연료를 요구하다가도 자신의 감정에 맞으면 무료 출연을 하는데 이는 예술가들이 갖고 있는 감성적인 성격 때문이 아닌가 싶다. 직장생활을 하는 사람들 입장에서는 즉흥적이고 감성적인 예술인의 성격이 이성적으로 잘 이해되지 않을 때가 많다. 말하자면 직장인들은 상대방이 평소에 잘 한다면 일시적으로 조금 불편한 일이 생기더라도 불평하지 않고 감수하는 편인데 예술가들은 그렇지 않은 것이다.

1990년대 중반에 일본으로 연주여행을 갈 기회가 있었다. 여러 가지 사정으로 답사를 하지 못하고 우리나라의 대한여행사(KTB)와 비슷한 일본여행사(JTB)에 의뢰하여 전화와 팩스를 통해서 일을 추진하게 되었다. 공연단을 위하여 도쿄에 있는 여행사에 호텔 예약을 의뢰하였더니 일본식 호텔을 예약하였다는 팩스가 도착했다. 나는 일본식 호텔이라기에 정원이 있는 전통적인 일본 양식의 호텔이려니 생각했다.

그런데 도쿄에 도착하여 숙소를 가보니 호텔이 아니고 우리나라의 여인숙에 가까운 숙박시설이었다. 숙박시설 자체가 너무도 허술하여 동행한 공연단원들이 숙소를 바꿔줄 것을 요구하였다. 공연단으로 동행한 국악인 오정숙 선생이 그 호텔에서는 도저히 잠을 잘 수 없으니 다른 숙소를 구해 달라는 것이다. 내가 보아도 그곳에서는 잠을 잘 수가 없었다. 일본여행사의 직원에게 이 사람들은 우리나라의 최고의 아티스트들인데 어떻게 이런 곳을 숙소라고 정했는가, 일본에서는 아티스트를 이렇게 대접하는가 하고 마구 다그쳤다.

호텔을 수소문하기 시작했으나 오십여 명이나 되는 공연단이 함께 머무를 숙소를 구하는 일은 정말 쉽지가 않았다. 일본에서도 입시철만 되면 도쿄 시내에서 호텔을 구할 수가 없다는 것이다. 일본여행사의 컴퓨터 라인을 총동원하여 알아본 결과 긴자에 있는 제국호텔(Imperial Hotel)만이 방이 있었다. 이 호텔은 일본에서도 비싸기로 소문이 나 있어 경비가 문제가 되었지만 잠을 안 자고 공연할 수는 없는 문제 아닌가?

이영락 PD는 우리 모두 서울도 못 가고 인질로 잡히는 것이 아닌가 걱정할 정도였다. 방 값을 많이 할인하였지만 여전히 비싼 호텔이었다.

국악인 김혜란 씨는 일본공연을 수없이 많이 다녔지만 제국호텔에서는 잠잘 꿈도 꿔보지 못했다며 지금도 그때 일을 두고두고 이야기한다. 이 호텔은 어찌나 비싼 호텔로 명성이 자자했던지, 공연 때문에 밤늦게 긴자 근처에 있는 한국식당에서 저녁을 먹으면 식당 주인이 몇 번이나 정말 긴자의 제국호텔에서 숙박하는지를 물으며 의아한 눈빛으로 바라보곤 했었다.

우리나라에서도 대규모 연주단이 지방 순회연주회를 할 때면 숙소를 구하는 일이 쉽지 않다. 이재희 씨와 KBS교향악단과 지역순회연주회를 하게 되었는데 현장답사를 못한 채 지역방송국에서 확인한 호텔 객실의 숫자만 믿고 계약을 하였다. 그런데 도착해 보니 그 중의 객실 몇 개가 더블 침대가 아닌가. 덕분에 현장에서 숙소를 구하느라 곤혹을 치렀다. 우리나라의 지방 호텔 중에는 트윈 베드가 아니고 더블 베드인 곳이 많은데 예민한 감각을 가진 예술가의 경우가 아니더라도 남자끼리 더블 침대에 자는 것은 곤란하다. 보통 객실 숫자만 확보하고, 구조는 확인하지 않아 가서 잠도 못 자고 방을 구하느라 이리저리 헤매는 경우가 있으니 꼼꼼히 챙겨야 한다.

현장답사 때는 제도적·문화관습적인 특성과 차이에 대해서도 알 수 있는 데까지 알아두어야 한다. 또 특별한 금기사항에 대해서는 꼭 확인해야 한다. 현지 제도와 문화·관습을 앎으로써 현지와의 상호 협력체계를 구축하는 데 도움을 삼고자 하는 것이다.

국외 이벤트는 우리나라와 다른 사회적인 구조나 체제 때문에 상당한 어려움을 겪을 수 있다. 공연장 임차만 하여도 우리나라 공연장 대관 체계와는 전혀 다르다.

공연 전에는 악기와 공연장비도 공연장에 보관해 주지 않는다. 하루는 호텔방에, 하루는 탑차에 싣고 장비를 보관하느라 남의 나라에서 밤이슬 맞으며 이리저리 헤매고 다녔던 기억은 지금 생각해도 입맛이 씁쓸하다.

외국서 공연해 보면 우리가 보기에는 정말 웃기는 일이 많다. 물건 하나를 옮기는 데도 공연장 입구까지와 공연장 내부의 사람들이 각기 일을 나누어서 하는 것을 볼 수 있다. 서로 속해 있는 노동조합이 달라 다른 사람의 영역을 법적으로 침범할 수 없기 때문이다. 어느 쪽이 옳고 그르다기보다는 시스템이 틀린 것이다. 여러 번 가서 확인할 수 없는 것이기에 사전에 모든 것을 준비하는 것이 적절하다.

지난 1996년 우즈베키스탄과의 수교를 기념하여 KBS문화사업단이 진행한 우즈베키스탄의 월드 쇼는 기획과 진행을 맡은 김규석 차장이 많은 고생을 하였다. 우리와 별로 교류가 없는 생소한 나라이거나 후진국의 경우 시스템과 사용하는 장비, 문화가 달라 애를 태우는 일이 많다. 선진국은 우선 경험을 가진 사람들이 많이 있고 우리가 사용하는 장비 등이 이들 나라에서 수입한 것이기 때문에 비교적 익숙하지만 처음으로 행사를 실시하는 새로운 나라들은 오히려 힘든 경우가 많다.

나라마다 지역마다 특색이 있으며 그 지역의 고유한 금기사항이 있으니 답사를 실시할 때 이런 부분은 반드시 알아 두어야 한다. 사원에 들어가기 위해서는 반드시 정장을 해야 하는 규정을 몰랐다든가, 등대, 고지의 송신소 등 격리된 근무터에서 일하는 현지인의 감정을 무시하고 "아, 정말 경치 좋다"고 자신의 느낌을 표현했다가는 일을 망칠 수 있다. 처음으로 답사온 사람이 등대수의 외로움에 대해서 알 리는 없겠지만 현지에 있는 사람은 괘씸한 생각이 드는 것이다. 작은 금기사항을 지키지 못함으로써 결정적인 순간에 도움을 못 받을 수도 있다는 것을 명심해야 한다.

일을 하다 보면 부득이하게 현장답사를 못할 때가 있다.

재정적인 어려움이나 시간적인 제약으로 사전답사를 못 갈 경우에는 현장답사 못지 않은 방법으로 주최측의 임무를 대행하는 현지 기관이나 개인을 잘 활용해야 한다. 이를 잘 활용하면 현장답사 못지 않은 효과를 얻을 수 있다. 주의할 것은 상대방이 행사기획자와 똑같이 업무를 잘 안다고 생각하면 낭패를 보기 십상이라는 점이다. 의뢰인에게 부탁하여 일을 진행해야 할 때에는 세밀한 스케줄과 이에 따른 정확한 요구사항을 빠짐없이 기록하여 보내고, 사진을 찍게 한다든지 비디오 촬영을 요구하여 확인하는 것도 효과적인 방법이다. 관록 있는 기관에 업무를 의뢰했어도 중요한 것은 사실확인을 해야 한다. 자체적으로 발행한 각종 홍보자료를 활용하는 방법도 있다. 숙박시설의 경우에는 사진이 있는 각종 안내 팜플렛이나 브로셔가 있을 것이다. 안내장을 보내줄 것을 요청하면 보다 실상을 명확히 파악할 수 있다.

사람 사는 일이란 희안하게도 아무 탈 없이 무사히 잘 치러진 일보다는 돌이켜 다시 기억하고 싶지 않은 고생된 일들이 더욱 기억에 남는다. 또 어려웠던 일들이 세월에 헹궈져 각색되면 재미있고 아름답기까지 한 추억으로 남는 경우가 많다. 아직 인생을 논할 처지는 못 되지만 그래서 사는 일이 재미있는지도 모른다.

아무도 가르쳐주지 않는 행사 준비 몇 가지

부속 소품을 준비하는 세밀함을 보이자.

국악이나 서양음악 경연자들은 대부분 악보를 외워서 참가하지만 반주자는 악보를 보아야 한다. 그런데 미처 이 사실을 알지 못해 보면대를 준비하지 못한 적이 있었다. 또 양악에서 사용하는 보면대는 보았지만 국악 보면대는 있는지조차 몰라 국악 콩쿠르를 진행하면서 쩔쩔 매었던 기억이 있다. 심사위원을 위해서도 준비해야 할 것이 많다. 심사표, 집계표, 결과발표지, 컴퓨터 등은 물론이고 심사가 장시간이 걸릴 경우를 대비해서 음료나 다과 등도 준비해야 한다.

일반적으로 행사 기획자나 진행자들은 심사위원을 위해서는 세심하게 여러 준비를 하지만 콩쿠르의 경연자나 참가자는 소홀히 여기는 경향이 있다. 꼭 해야 한다는 규정이나 약속이 없어도 개인악기 경연자들을 위한 소품과 공용악기 경연자들을 위한 연습용 악기, 악보 넘기는 사람을 위한 보조의자, 경연자나 보호자를 위한 차 한 잔, 성악부문을 경연자를 위한 생수 등을 세심히 준비, 배려한다면 1등 콩쿠르를 만들 수 있을 것이다.

서울신인음악콩쿠르 때는 참가자는 물론 더 가슴 타고 초조할지 모르는 보호자들이 마실 수 있도록 따뜻한 차와 커피를 준비하여 보호자들에게 감사하다는 이야기를 듣기도 했다.

서울신인음악콩쿠르는 한국전력공사와 공동으로 일을 추진하는데 함께 이 일을 했던 한국전력공사의 김홍근 부장과 이하원 과장은, 다른 사람들이 콩쿠르를 할 때는 몰랐는데 세세하게 준비할 것이 너무 많아 복잡하다고 하였다. 잘하기로 하면 신경써야 할 부분이 너무나 많은데, 무엇을 어떻게 준비해야 할지는 책에도 나와 있지 않고 잘 아는 사람에게 물어도 자세히 가르쳐주지 않아 준비하는 사람들은 난감하기 마련이다.

우리 콩쿠르의 예선과 본선 대회는 한국전력공사 본사의 대강당을 사용하고 있다. 무대 바닥이 나무로 되어 있기 때문에 첼로받침대를 별도로 준비하지 않았는데, 가뜩이나 긴장되고 초조한 경연자들이 첼로 받침대를 준비하지 않은 것에 대해서 불평을 했다. 콩쿠르 기획자의 입장에서 경연자의 심리 상태를 배려하지 못해 하루종일 떨떠름한 기분을 지울 수 없었다. 이런 경우 콩쿠르에서 연주가 마음먹은 대로 되지 않았을 때는 받침대 때문이라는 말을 들을 수밖에 없다.

개인악기인 첼로 받침대는 누가 준비해야 하는가? 사전에 리허설을 한다면 개인이 준비하는 것이 옳을 수 있다. 그러나 바닥이 어떻게 되어 있는지 모르고 참가하는 사람들에게 알아서 준비하라는 것은 무리다. 또 첼로 케이스에는 받침대를 넣는 칸이 별도로 없다. 콩쿠르를 준비하는 주최측에서 준비하는 것이 바람직하다.

콩쿠르 경연자에게 첼로의 활을 준비하라고 말하지는 않는다. 무슨 일이든 잘 모르겠으면 가용할 수 있는 모든 자원을 활용해서 물어보라. 선수들은 됐다가 국 끓여 먹을 것인가.

기악이나 성악 콩쿠르에서는 여름이라도 난로와 가습기를 준비해야 한다. 시험이라는 것은 인간이 살아가는 데 있어서 어쩔수 없이 필요한 것이지만 그러한 초조감, 불안, 두려움을 극복하고 최선을 다해야 한다는 것 때문에 더욱 고귀한 것인지도 모른다. 콩쿠르는 일반인들에게는 시험과 같다. 멀쩡한 여름에 와서도 바람이 불면 경연자들은 춥다고 이야기한다. 조금 덥다고 느껴지면 다른 사람들 보다 더욱 더위를 타면서 짜증을 부린다. 좋은 가을날에 콩쿠르를 하는 데도 기악콩쿠르 참가자들은 "손이 곱다"라는 말을 자주 한다. 성악가들도 보통 때에는 별 소리 없다가도 노래만 하려고 하면 목소리가 자꾸만 갈라지고 목이 마르고 습도가 맞지 않는다고 불평을 한다. 괜스레 손에서 땀이 나고 호흡조절이 안되고 애를 태우다가 대회가 끝나면 내가 언제 그랬느냐는 식으로 아무렇지도 않은 것이 공연자들이다. 콩쿠르를 하려면, 성악 경연자를 위해서는 여름에도 가습기를 갖다 두고 기악 경연자들을 위해서는 여름에도 난로를 준비하라.

개인악기의 경연대회는 자기 자신의 악기를 들고 다니며 연습하다가 연주하면 된다. 그러나 피아노와 같은 공용악기의 경연대회는 대기실이나 연습실에 별도의 여분 악기를 준비해야 한다. 워밍 업이라고 하는 손가락 풀기나 악보를 잊지 않기 위한 연습 때문에 악기가 더 필요하다.

피아노를 준비하자.

피아노 콩쿠르에서 피아노를 준비하는 것은 당연하다. 행사 진행 초보자들은 연주용 피아노 하나만 달랑 준비를 하는데 가능하다면 여러 대의 피아노를 준비해야 한다. 반드시 준비해야 하는 하나는 연주용이고 나머지는 연습실의 연습용 피아노다. 콩쿠르의 지정 혹은 자유곡에 협주곡이 있을 경우에는 연주용 피아노를 하나 더 준비해야 한다. 연주용의 피아노는 그랜드 풀 사이즈 피아노를 준비하면 좋다. 반주용도 풀사이즈 피아노를 준비하는 것이 좋으나 부득이한 경우에는 하프 사이즈로 준비하고, 연습용은 가정용의 업라이트 피아노로 준비해도 무방하다.

피아노 독주곡일 때에는 무대에 한 대의 피아노만 있으면 된다. 연주용 피아노는 뚜껑을 완전히 개방하라. 두 대의 피아노를 경연자용, 협연자용으로 설치할 때는 경연자용은 그랜드 피아노의 덮개를 3단까지 올리고 협연자용은 닫거나 1단까지만 올리는 것이 좋다. 콩쿠르의 참가자가 협주곡을 연주할 때는 연주용과 오케스트라를 대신하는 협주용의 피아노를 무대에서 보아 무대 뒤쪽으로 나란히 일직선으로 정열하여 설치하는 것이 좋다. 이 경우에 협주용 피아노 옆에는 악보를 넘겨주는 사람이 앉을 수 있는 보조용 의자를 하나 준비해야 한다.

협주용이라고 하여도 오케스트라와 협연할 때는 피아노를 3단까지 완전히 개방하라. 피아노 뚜껑 열기는 공연장의 크기, 협연 혹은 독주 여부, 연주 곡목들과 관계가 있다. 참고로 듀오콘서트일 때는 피아노가 서로 마주 보도록 무대의 좌우로 세팅하는 것이 통상적이다.

가만히 두면 콩쿠르 참가자가 알아서 세팅하든지 어떤 요구를 할 것이다. 그러나 진행자가 미리 준비해 두면 경연자는 아무런 부담 없이 연주에만 열중할 수 있다.

일반적으로 콩쿠르의 예선대회는 평상복을 입고 참가하지만 결승에는 무대복을 입고 경연을 한다. 많은 청중들이 있는 정식 공연무대나 TV중계방송이 있을 경우에는 반드시 무대복을 입도록 해야 된다. 일반인을 상대로 하는 콩쿠르라면, 청중이 없는 비공개여도 연주에 대한 예의를 위해서 결승전에서는 무대복을 제대로 갖추는 것이 바람직하다. 그러나 학생을 상대로 하는 콩쿠르에서는 무대복보다는 단정한 평상복이 적절하다.

우리 회사와 한국전력공사가 공동으로 실시하고 있는 서울신인음악콩쿠르는 사실 학생을 대상으로 하는 콩쿠르는 아니다. 그래서 결승전에서는 가능한 한 무대복을 입도록 했었다. 그런데 1997년 우리 콩쿠르의 결선에서 화려하고 값비싼 무대복을 준비한 경연자를 본 성악가 백남옥 교수가 정식 무대가 아니면 평상복으로 결선에 참가하도록 복장에 대한 규약을 하였으면 좋겠다는 의견을 제시하였다. 한 벌에 몇 백만 원 하는 무대복을 입고 있는 경연자를 보는 순간 다른 경연자들, 아직 재학생의 신분에 있는 경우뿐만 아니라 일반인들까지도 노래 부르는 데 영향을 받을 수 있다는 것이다. 백 교수의 경험으로 볼 때, 특히 여자 성악가들은 경제적으로 가난한 경연자가 다른 경연자의 화려한 의상에 심리적인 영향을 많이 받는다고 하였다. 그 이듬해 우리는 콩쿠르의 요강을 고쳤다. 결선 진출자들은 무대복이 아닌 검정색 계통의 정장 평상복을 입을 것으로.

행사를 실시하다 보면 피아노 뚜껑 열기 같은 것은 정말 책에도 없는 사항이다. 자존심 상해서 물어볼 수도 없고, 이유도 모른 채 답습해야 하는 일들이 이벤트에는 이렇게 많이 있다. 이벤트를 제대로 하기 위해서는 섬세하게 다른 사람들이 신경을 쓰지 않는 그런 일에 관심을 가져야 한다. 그것이 일류 이벤트를 만들 수 있는 길이다.

눈높이 섭외에 왕도가 있다

우리가 기획한 모든 내용의 대상을 어떻게 이벤트의 범위 내로 끌어들이느냐가 '섭외한다'는 의미일 것이다. 섭외를 잘하는 사람들마다 특징이 있고 독특한 방법을 가지고 있다. 어떤 이는 설득력으로, 어떤 이는 정보사항으로, 어떤 이는 친화력으로, 어떤 이는 분위기로, 어떤 이는 열정으로 저마다의 기술과 방법을 사용한다. 그러나 만사형통으로 통용되는 왕도란 없다. 그러한 자기만의 방법과 기술 습득에는 많은 시간이 걸리고, 다른 사람에게는 적절하지만 본인에게는 맞지 않는 경우도 많다.

섭외할 때 어떻게 하면 옳고 어떻게 하면 틀리고 하는 그런 문제를 이야기하는 것이 아니다. 그러나 조금만 주의와 노력을 기울이면 상당히 효과 있는 방법이 있는데 그것은 섭외대상의 분위기에 자신을 맞추라는 것이다.

어느 기업에서 사용하는 '눈높이'란 말이 있는데 이것을 섭외에 사용하면 매우 효과적이다. 어린이를 섭외할 때는 그들의 분위기와 수준에 맞추면 보다 쉽게 접근이 가능하고 섭외가 용이해진다.

어느 해인가, 어린이날 행사에 동물잡기 행사를 기획하였다.

동물잡기에는 새끼돼지가 가장 좋은데, 귀엽기도 하고 잡기가 쉽지도 어렵지도 않으며 상당히 활발하게 움직이기 때문에 재미있다. 나는 행사용 소품으로 사용할 새끼돼지를 구하는 책임을 맡게 되었다. 예전에는 성남의 모란장이나 남대문 시장에 가서 소개를 받아 돼지를 구했는데, 지금은 서울에서 새끼돼지를 구하는 일이 쉽지 않다.

처음에 멋모르고 양복 입고 남대문 시장으로 가서 돼지새끼를 어떻게 구할 수 있는지를 물었는데 시장 사람들은 대꾸도 하지 않았다. 몇 번 시도를 하다가 안되겠다 싶어 집으로 돌아와 평상복으로 갈아 입고 다시 시장으로 갔다.

나는 경상도에서 태어나고 그곳에서 중학교까지 다녀서 사투리를 잘 사용한다. 이러한 사투리도 상대방과의 분위기를 맞추는 데 매우 중요한 역할을 한다.

이벤트를 하는 사람은 그 섭외대상이 너무도 다양하다. 사람이 섭외대상이라 하여도 어른들을 만나야 할 때도 있고 시장에 가서 상인을 만나야 할 때도 있다. 섭외를 할 때는 공연장에 정장을 하고 가듯이 상대방과 주변의 분위기에 맞추어 불쾌감이나 괴리감을 느끼지 않도록 하는 것이 중요하다.

시장으로 다시 돌아간 나는 그곳 아저씨에게 막걸리 한 잔을 사면서 "저는 회사에 다니는 신입사원입니다. 제가 이번에 행사를 하나 맡게 되었는데 저한테 떨어진 임무가 돼지새끼를 구하는 것입니다"라고 말씀드리고 도움을 부탁하였더니 시장 아저씨는 어디에 가면 구할 수 있는지 친절하게 가르쳐 주셨다. 또 자신의 이름을 알려 주면서 일이 잘 안돼서 전화하면 도와주겠다고 하여 쉽게 그날 목적을 달성하였다.

대부분의 사람들은 모든 것을 자기 자신의 기준에서 생각하는 버릇이 있다. 특히 문교부 혜택을 많이 받은 사람들은 더욱 그러한 경향을 보인다.

　여러분이 넥타이를 매고 시장에 간다면 원하는 것을 구하기가 조금 힘들거나 예산보다 많은 금액을 지불해야 할지 모른다. 이벤트뿐만 아니라 다른 일에서도 여러분은 가능한 한 상대방의 분위기와 맞추는 것이 좋다. 사람을 상대하는 일에 왕도가 되는 절대적인 방법이나 기준은 없겠지만 상대방의 눈높이에 맞추어 자기 자신을 이해시키고 이야기를 한다면 섭외가 보다 쉬울 것이라 생각한다.

출연료에 관해

아티스트에게 출연료를 얼마나 주어야 할까?

일반 사람들이 가장 관심을 갖는 부분이다. 결론부터 말하면 출연료에 관한 부분은 공연을 전문으로 기획하는 우리들도 잘 모른다. 국내뿐만 아니라 외국인 아티스트에 관해서도 출연료를 모르기는 마찬가지인데 특히 우리나라에는 국내 아티스트에 대한 바른 기준이 없는 실정이다. 아티스트가 자신의 예술세계에 대한 합당한 대우를 받아야 한다는 것에는 동의한다. 문제는 우리의 공연 시장의 현실을 무시하고 출연료가 책정되고 있는 현실이다. 자본주의 사회에서는 누구나 많은 돈을 받고 싶어한다. 그것은 금액 자체도 중요하지만 자신의 예술세계에 대한 가치가 금액으로 인정·평가 된다는 생각과도 관련이 있다.

전부 그렇지는 않지만 우리나라 순수음악 아티스트들은 대개 외국에서 공부한 경우가 많기 때문에 자신이 교육받은 나라를 기준으로 출연료를 요구하는 경향이 있다. 물론 그들이 세계를 무대로 활동할 때는 당연히 그만한 대우를 받아야 한다. 그리고 우리의 공연예술의 시장이 단단한 기반을 확보하였다면 이에 합당한 요구를 하는 것도 당연하다. 그러나 아직 우리의 취약한 순수음악 공연기반에서 비싼 출연료는 공연이벤트의 발전에 저해가 될 수 있다. 말하자면 테너 빅3(파바로티, 도밍고, 카레라스)

가 한 번 공연에 일백만 달러를 받는다고 해서 이런 공연이 일반적인 것인 양 많은 출연료의 요구가 남용되어서는 안된다는 말이다. 순수음악이 아닌 경우에도 마찬가지이다. 기본적으로 공연이벤트를 흥행(entertainment)적인 측면에서 이해할 수도 있으나 두 시간 정도의 리사이틀을 충분히 소화해 내지 못하는 가수가 인기가 있다고 해서 1회 공연에 몇 천만 원을 요구하는 것은 잘못된 관행이다.

우리나라에는 출연료에 관한 과학적인 데이터가 없어 대중적인 인기를 얻는다 싶으면 출연료가 천정부지로 뛰어오르는 경향을 보인다. 이는 대부분의 출연자가 월급을 받는 사람들처럼 안정된 수입이 있는 것이 아니고 또 퇴직금을 받는 직업이 아니기 때문에 인기가 있을 때 벌어 평생을 살아야 한다는 부담이 있는 것으로 이해하는 바이다.

중요한 것은 우리의 공연시장이나 현실적인 고려 없이 주먹구구식의 출연료가 요구되고 있는 것이 문제라는 것이다. 출연료는 공연에 소요되는 대관료, 장치비, 홍보비, 인건비까지 포함하는 비용과 그 공연의 배역 및 시간의 점유율, 개인 리사이틀에서 입장권 판매력 그리고 공연의 준비기간과 규모 등이 고려되어 책정되어야 한다.

출연자가 정확한 출연료를 제시 못한다면 공연 기획자라도 합리적이고 설득력 있는 출연료 기준을 제시하여 출연교섭을 하여야 한다. 그저 순전히 개인의 말재주나 섭외능력에 의존하여 출연료가 결정되어서는 안된다. 공연을 위해 출연자 교섭에 들어가면 윗분들은 "출연료 잘 좀 해봐"라고 말하는 것이 고작이다. 출연료에 대한 객관적인 기준이나 논거가 없어서이다. 지금부터라도 정당하고 객관적인 출연료 지급 기준을 만들어야 한다. 기존의 출연자에게 적용이 어렵다면 신인들을 과감히 기용하여 이들에게 새로운 출연료 산정기준을 적용하고 공연의 풍토를 가꾸어 간다면 우리의 공연문화에 보다 도움이 될 것으로 믿는다.

공연 기획자는 좋은 기획으로 홍보를 통하여 출연자의 가치를 높이고, 공연의 의미를 부여하도록 노력해야 한다. 역설적으로 수명이 오래 가는 출연자의 출현을 위해서라도 출연료의 산정이 보다 과학적으로 되어야 한다. 현재 방송국에서 사용하고 있는 표준제작비는 출연자의 출연료를 어떻게 정할 것인가 하는 좋은 사례가 될 수 있다. 그리고 공연이 끝난 후에 출연료를 공개한다면 연주능력, 관객동원력 등이 감안되어 보다 객관적인 출연료 산정이 될 수도 있을 것이다.

나는 논리적이고 수리에 밝은 사람이 못 된다. 나같이 셈에 밝지 못한 사람은 항상 숫자만 나오면 애를 먹는다. 외국인 출연자의 출연료에 세금을 포함한 예산을 작성하려면 복잡한 세율의 파악도 어렵고 세율대로 계산하다 보면 언제나 두세 번 틀리는 것이 예사다.

이런 나를 구제해 준 사람이 있으니 공연행사에 관한한 나의 사부인, KBS홀 운영국에 근무하시는 강석홍 부장이다. 외국인 아티스트의 세금계산이 포함되는 출연료 예산을 세우는 데 쩔쩔 매는 나를 보고 한 방법을 가르쳐 주셨는데 이 계산법이 정말 기가 막히게 잘 맞아떨어진다.

실제 지급해야 할 세금공제 출연료 나누기 0.780이면 복잡한 세율의 계산을 거치지 않고 세금이 공제되지 않은 출연료 총액을 거뜬히 계산할 수 있다. 더구나 출연료 협상 도중 출연료의 총액과 예산 관계를 말해야 할 때는 처음부터 복잡하게 계산기를 두드릴 수 없고 단번에 계산해야 하는데 이럴 때는 더욱 진가를 발휘한다.

음악회 전체 예산에 대한 출연료의 비중과 입장료 수입에 대한 수치를 가지고 협상할 때는 간편하고 빠른 총액 출연료의 계산이 유리한 협상에 도움이 된다. 출연자들은 자존심에 관한 문제도 있어 자신의 몸값인 출연료를 많이 받기를 원하는데 협상 때 세금을 제외한 금액만을 가지고 이야기하는 것보다는 세금이 포함되었을 때 실제 기획사가 준비해야 하는 금액을 이야기하면 출연료 협상에 도움이 될 수 있는 것이다.

나는 강석홍 부장에게 어떻게 해서 그런 숫자가 나오는지를 물어 보았는데 그것은 논리적으로 구한 것이 아니고 임의로 찾은, 말하자면 만든 숫자라는 것이다. 우리나라의 세법에는 지불해야 하는 출연료 중에서 20%의 소득세와 소득세의 10%를 주민세로 공제하여야 한다. 실제로 예를 들어 외국인 아티스트에게 세금을 제한 출연료(net)를 1,000달러(USD)를 주기로 했다고 하자. 그때 여러분이 책정해야 할 출연료의 총액 예산은 1,000달러 나누기 0.782, 즉 1,282.05달러가 되는데 이것이 실제 책정해야 할 예산이 된다.

실제로 맞는지 계산을 해보면 소득세가 $1,282 \times 0.2\% = 256.4$, 주민세가 $256.4 \times 0.1\% = 25.64$가 되며 세금의 합계는 282.04달러가 되어 세금을 공제하고 미화 1,000달러를 줄 수 있게 된다.

얼마나 편리한가. 만약에 여러분이 모르고 세금 공제를 안했다가는 세무서에 출연자의 세금을 대신 물어야 하는 경우가 발생한다. 특히 처음에는 정확한 예산을 책정하는 일이 매우 어려운데 여기에 복잡한 세율의 계산은 사람을 당황하게 만들고 다시 여러 번 계산하는 수고를 끼친다. 그런 차에 이러한 총액 출연료 산정법은 얼마나 단순하고 쉬운가.

그래, 세상을 살다보면 요런 편리함도 있어야지.

이벤트 연출자가 되기 위해서

사람이 만능일 수는 없겠지만 이벤트 연출자가 되기 위해서는 수퍼맨적인 능력을 결코 사양할 필요가 없다는 것을 우선 말하고 싶다. 사람이나 대상물 섭외도 잘해야 하고 자금조달능력도 있어야 하며 기획력, 연출력, 또 다른 특기가 있다고 해서 결코 사양할 필요가 없다.

이처럼 이벤트 연출자 되기 위해서는 다양한 기능과 전문지식, 전문성이 필요함에도 불구하고 아직 직업인으로서 명확한 사회적 인식이 뒷받침되고 있는 것은 아니다. 말하자면 이벤트라는 직업이 의사나 변호사처럼 단단한 정체성을 확보한 상태가 아니라는 것, 즉 이벤트 연출자라는 호칭을 사용하는 데 많은 혼돈이 따르고 있다는 것이다.

우리나라에서는 이벤트 연출자(기획자)와 연출감독(director)을 혼용하고 있다. 이웃나라 일본에서도 이벤트 연출자(event producer)와 이벤트 연출감독(event directer)을 명확한 구분 없이 사용하는 듯하다. 비교적 일을 명확히 구분하는 구미인의 사고로는 이벤트 연출자는 영화제작에서 제작자의 입장이고, 디렉터는 감독의 일을 하는 사람을 말한다. 이러한 현상은 초기에 이벤트의 기획자가 대체로 이벤트 감독을 겸하거나, 개인 이벤트에서

한 사람이 이벤트의 기획자이자 감독을 겸한 데서 비롯된 우리의 사고체계의 영향으로 생각된다.

현재 이벤트 연출자는 현실적으로 명확한 개념 정의 없이 사용하고 있는 실정이며, 이 부분에 대한 논의나 협의를 거치지 않고 바꾸는 것도 문제가 있기 때문에 우리도 이벤트 연출자를 이벤트 기획자, 감독, 진행자로 혼용해서 사용해야 될 것 같다.

이벤트 기획 연출자가 되기 위해서 우리는 어떤 조건이나 능력을 갖추는 것이 좋을까? 본인이 하고자 하는 이벤트 기획의 종류나 내용에 따라 차이는 있지만 이벤트 연출자는 수퍼맨이 되는 것이 좋다. 이벤트 연출자를 영어의 다른 표현으로 코디네이터(coordinator)라고 하는 것은 생각해 볼 가치가 있다. 이벤트는 복합적인 분야이기 때문에 사람이 갖출 수 있는 어떤 능력이라도 필요하다. 한 사람이 모든 능력을 갖출 수 있으면 좋겠지만 그렇지 못할 때는 다양한 기능을 가진 사람들을 통합해 이벤트를 실시하면 된다. 즉 이벤트 연출자는 다양한 기능을 가졌거나 아니면 다양한 기능을 가진 사람들의 팀웍(team work)을 중요시하는 직업적 능력을 가진 사람이라고 할 수 있다.

일본의 이벤트 연출자 마츠이 와타루 씨는 우수한 이벤트 연출자의 능력에 대하여 다음과 같은 재미있는 견해를 제시하고 있다.

- 자금관리능력
- 기획력
- 연출력
- 시대의 흐름을 재빨리 파악하는 능력
- 영상, 음향, 조명 등 능력 있는 전문 스태프들과의 인맥
- 디자인, 인쇄, 법률까지 온갖 분야에 대한 지식
- 군중심리학

특이한 것은 이벤트 연출자의 능력 중에 군중심리학을 들고 있다는 것이다. 이는 많은 사람의 관심을 끌 수 있는 성공적인 이벤트가 기획되기 위해서는 군중의 심리를 파악할 수 있는 능력을 가지고 있어야 한다는 뜻이다.

이벤트 연출자의 능력에 관해서 이야기하는 것은 어떻게 하면 능력 있는 이벤트 연출자가 될 수 있을 것인가 하는 데 대한 관심 때문이다. 현재 이벤트 분야에 종사하는 대부분의 연출자들은 과거에 이벤트 학위를 받거나 이벤트라는 학문을 별도로 연구해서 이벤트 전문가가 된 사람들이 아니다. 방송·신문사의 사업 파트나 기업의 판촉팀, 광고 기획팀 등에서 행사 프로젝트를 맡아 해보다가 이벤트 분야에 종사하게 된 사람들이다.

그렇지 않으면 아예 처음부터 이벤트 기획·연출 분야에 투신하여 용감함을 무기로 선배들처럼 실전에 부딪쳐 가며 이 분야에 종사하면서 실제 이벤트를 배우고 있는 사람들도 있다.

이벤트는 학위로 하는 것은 아니다. 작은 이벤트라도 기획해서 해보는 것이 이벤트 연출자가 될 수 있는 길이다. 이벤트를 어떻게 공부할 것인가에 대한 해답은 이벤트를 해보는 것이다. 친구들과 가벼운 주말 산행이라도 기획하여 실시해 보는 것이다. 어떻게 하면 좋겠는지 해야 할 일을 종이에 적어가면서 이벤트를 기획하고 직접 해보자.

이벤트 연출자는 우선 풍부한 아이디어가 있어야 한다. 독특하고 개성적인 아이디어 하나로 이벤트 세계에 뛰어들어 성공한 사람들의 예를 들자면 수없이 많다. 뭔가를 해서 사람들의 관심을 끌겠다는 생각에서부터 이벤트는 시작된다. 신선한 충격을 줄 수 있는 생각, 평범한 것을 특별한 것으로 만들어 내겠다는 생각, 그런 생각들이 있어야 이벤트가 시작되는 것이다.

풍부하고 개성적인 생각들이 그저 생각으로 끝나서는 안되며 이를 구체화시킬 수 있는 능력이 있어야 한다. 이벤트는 꿈이나 상상의 영역에 존재하는 것이 아니고 꿈이라고 생각되어지는 상상을 현실로 끌어내려 구체화시키는 것이다. 이벤트는 꿈을 꿈으로만 남도록 하는 것이 아니고 그 꿈을 구체적인 현장에서 현실화시키는 작업이다.

폭넓은 상식과 전문지식 위에 구체화된 아이디어는 그 실행력이 매우 높아진다. 풍부한 상식은 이벤트 아이디어 발상에 도움이 될 뿐만 아니라 균형적인 감각을 갖는 데도 중요한 기여를 하며 이 균형 감각은 사회의 흐름을 읽을 수 있고 표현하고자 하는 이벤트를 제대로 구체화시키는 데 도움이 된다. 이벤트 연출자는 풍부한 상식을 가지고 있어야 한다.

나는 일에 대한 열정이 사람들의 마음까지도 움직일 수 있다고 믿는다. 그렇기에 출연자가 무대 앞으로 나가기 전에 항상 스스로 열정과 감동이 없으면 청중은 감동을 전달받지 못한다고 이야기한다. 감동은 일에 대한 열정의 표현이다. 진한 감동을 선물해야 할 책임이 있는 사람들은 일에 대한 열정을 가져야 한다.

북미에 인종차별이 있는 것은 누구나 다 알고 있는 사실이다. 유색 인종에 대한 근본적인 차별을 면할 수는 없겠지만, 내가 미국이나 캐나다에서 해외공연을 수행하면서 경험한 바에 의하면, 직업이 무엇이냐고 물었을 때 이벤트 연출자(event producer 혹은 coordinator)라고 대답하면 유색인이라도 함부로 대하지 않는다는 것을 느낄 수 있었다. 이벤트 연출자들은 폭넓은 상식, 전문지식과 함께 법률지식까지 갖추고 있어 유색인이라도 함부로 무시할 수가 없었기 때문이리라.

현충일에 '갈라 쇼(gala show)'를 기획하는 우를 범하지는 않겠지만 그 사회의 분위기, 현상, 문제의식, 제도 등에 대해서 항상 이해하고 흐름을 읽어야 시의적절한 아이디어를 창출할 수 있다. 이벤트를 실시할 때 분위기의 흐름을 읽고 조절할 줄 알아야 이벤트를 차분하게, 또 벅찬 감동으로도 이끌어 나갈 수 있다.

어떤 일이 일어날 것인가?

일어날 수 있는 모든 상황에 대한 대비책을 세워야 하는 상황 예측능력은 매우 중요한 능력 중의 하나이다. 사실 한 사람이 모든 능력을 다 갖출 수는 없는바, 부족한 부분을 보완하는 측면에서 좋은 기획과 연출을 위해 여러 분야의 전문가들을 동원할 수 있는 힘은 이벤트 연출자가 갖추어야 할 중요한 능력이 될 것이다.

이벤트 연출자가 어떤 능력이 필요한가를 알면 우리는 이벤트 연출자가 되기 위해서 어떤 공부와 노력을 해야 하는지 또는 어떤 부분을 보충해야 하는지를 알 수 있다. 갖추어야 할 자질, 습득해야 할 지식들을 잘 알게 됨으로써 스스로 능력 있는 이벤트 연출자가 되기 위한 준비를 할 수 있다. 만약에 누군가 이벤트 연출자가 되려면 어떤 능력이 필요한가를 나에게 질문한다면 다음과 같이 대답하겠다.

- 이벤트를 직접해 본 경험
- 풍부한 아이디어
- 아이디어를 구체화시키는 능력
- 상황을 예측하는 능력
- 실천에 옮기는 힘
- 일에 대한 열정
- 자금의 동원 및 관리능력
- 주변 환경의 변화를 감지하는 능력
- 폭넓은 상식
- 흐름을 읽을 수 있는 능력
- 다른 사람의 마음을 움직일 수 있는 능력
- 이벤트와 관련된 전문가 동원능력
- 이벤트와 관련된 전문지식

　과히 수퍼맨급 능력이라고 생각하고 지레 겁먹지 않았을까 걱정이 된다. 그러나 이벤트가 좋은 점은 때론 좋은 아이디어 하나로, 자금 조달 능력 하나로, 다른 것이 조금 부족해도 할 수 있다는 점이다.

　결국 이벤트가 보다 독창적인 그리고 그 많은 이벤트 중에서 살아남을 수 있는 경쟁력을 갖추기 위해서는 연출자의 뛰어난 능력이 필요하다는 것이다.

애교 있는 괴짜

LA 올림픽 대회 이전에는 올림픽에서 은메달 하나만 건져도 오픈카를 타고 꽃색종이 세례를 받으며 보란듯이 시내를 행진했었다. 이런 판에 LA올림픽에서 무려 8개의 금메달을 거머쥐었으니 개선축제를 안하는 것이 오히려 이상한 일이었다.

이 행사가 우리에게 떨어졌다.

여의도 광장의 도면을 펴놓고 여기는 제1무대, 저기는 제2무대, 여기는 중앙무대, 여기는 통로, 여기는 꽃차 행진로 등을 급조해서 만들고 행사를 준비해 갔다. 그런데 막상 광장에 도착해서는 도면에서만 얼핏 본 위치가 여의도 그 망망한 곳의 도대체 어드메 쯤인지 짐작도 하지 못하고 헤매었다.

이때, 그 영화 제목인 뭔지는 몰라도 왜 안성기 씨가 긴 코트 안쪽에 각종 연장을 달고 나오던, 하여튼 그와 비슷한 모습으로 커다란 줄자와 스톱워치, 측정기 등 목수나 세트를 제작하는 사람들이 차고 다니는 연장걸이를 허리에 차고 나타난 강일홍 씨의 모습은 보는 이로 하여금 웃음을 자아내도록 하기에 족하였다.

지금은 사라지고 없는 그 황량한 여의도 광장 바닥에 도면 한 번 보고 줄 긋고 싱긋 웃고 아스팔트 바닥에다 제1무대라고 표시하고, 다시 여의도 광장 한가운데 어드메 쯤이 될 중앙무대 표시를 위해 석양의 장고처럼 사라져 가는 그의 모습은 차라리 엄숙하기까지 하여 감히 웃지를 못했다.

강일홍 씨와의 만남은 그렇게 우습게 시작이 되었다. 왜 그 사람이 석양의 장고처럼 허리에 뭔가를 주렁주렁 달고 나타났는지 많은 시간이 지난 후에야 겨우 이해할 수 있었다. 그때만 하여도 나는 이벤트의 초보자였다. 뭘 어떻게 하는지도 모르고 그저 시키니까 동서남북 오로지 부지런함을 무기로 다니던 시절이었다. 그러니 괴춤에 세트맨처럼 연장걸이를 달고 다니는 사람이 괴짜로 보이는 것이 당연한 일이 아닌가?

현장을 정확하게 실측한다는 것은 현장기획을 정확하게 하는 것이다. 그래야만 만에 하나 일어날 수 있는 상황까지 대비할 준비를 할 수 있다. 이런 초보적인 단계를 제대로 하는 일이 얼마나 중요한지는 나도 나중에서야 겨우 깨달았다. 대충 눈짐작으로 일을 해서는 안된다는 것을 강일홍 씨는 시범하고 있었던 것이다.

그가 일하는 것을 보면 조금 우스꽝스런 모습도 있지만 자신보다 높은 사람, 낮은 사람 별 구분 없이 일한다. 일하기 싫으면 집에 가라는 투다. 넥타이 매고 폼 잡고 입으로 일할 량이면 걸치적거리지 말고 집에 가서 애나 보라는 것이다. 이벤트는 기획할 때만 머리로 하는 것이지 나머지는 대부분 몸으로 때우는 일이 더 많다고 하면서. 실제로 본인도 그런 모습으로 현장을 누비면서 일하는데 어쩌다 뒷짐지고 있는 사람들을 보면 애교 섞인 말로 좀 도와달라는 데야 어쩔 수 없는 일 아닌가.

현대 사회에서 괴짜들이 사라지고 있다고 한다. 그 애교 있는 괴짜들이 있어 우리들에게 규격화된 일상을 일탈하는 기쁨을 제공하곤 했는데 아쉬운 생각이 든다. 요즈음의 젊은이들은 각자 개성을 추구하면서 살고 있다지만 너무 외형적인 데 치우치고 있어 정신적으로는 오히려 몰개성의 시대가 되어가는 것이 아닌가 하는 생각이 든다.

우리는 일을 정확하게 하는 사람들에 대해서 창조적인 일은 잘 못할 것이라는 선입견을 가지고 있다. 말하자면 정확한 사람들은 답답해 보이며 그 답답함 속에서는 아이디어가 나올 것 같지 않다는 그런 의미이다. 그러나 나의 경험에 의하면 정확한 사람들이 오히려 풍부한 아이디어를 가지고 있는 것을 종종 볼 수 있다.

약간은 엉뚱한 데가 있고 매사에 정확한 강일홍 씨만 하여도 우리 회사에서 하는 수많은 행사의 아이디어를 냈으며 우리나라 최초의 '밤 줍기 대회'를 기획한 장본인이기도 하다. 직원들을 야단도 잘 치지만 격의 없이 많은 의견교환을 하는 편이기 때문에 좋은 아이디어를 많이 내는지도 모른다. 나이도 들 만큼 들고 직위도 있으니까 조금은 폼 잡을 만도 한데 지금도 행사장에서 그분을 만나면 그런 것에는 아랑곳하지 않아 그를 잘 모르는 사람은 오히려 당황할 것이다. 이 시대에 건강한 사고방식을 가진 진정한 내면적인 괴짜가 아닌가 한다.

한국오페라단 단장

가 박기현 단장을 처음 본 것은 1988년도로 아마 그때가 한국오페라단이 창단된 해였을 것이다.

창단 기념공연을 위해 우리 회사 사무실을 방문한 박 단장을 처음 본 순간 난 마음속으로 '아이쿠, 아까운 여자 한 사람 또 버리는구나. 오페라 단장 아무나 하나' 뭐, 그랬다.

물론 여자 오페라 단장이 없어서 그렇게 생각한 것은 아니다. 김자경오페라단의 김자경 단장도, 글로리아오페라단의 양수화 단장도 여자이다.

그러나 그날 내가 놀란 이유는 새로 생긴 오페라단 단장이라며 나타난 그분이 무지무지하게 예쁜(?) 데다가 너무나 젊은 단장이었기 때문이었다. 예쁘다는 표현에는 갸름하고 가냘프기 때문에 웬지 연약해 보인다는 의미도 포함되어 있으며 또 실제로도 그런 미인형이다. 젊은 분이라는 사실을 강조한 것은, 사실 나이가 조금 지긋하여도 꾸려가기 힘들다는 것이 오페라단이다. 세파의 경험도 많아 뵈고 조금은 노련해야 그 의견 분분한 오페라단을 꾸려갈 수 있지 않을까 하는 일종의 노파심 같은 나의 생각 때문이었다.

나는 여자, 남자 나누어서 오로지 성별로 능력을 차등하는 성차별주의자가 아니다. 사정이야 어찌 되었던 이미 천 년 전 신라 시대에 국민으로부터 존경받는 여왕이 있었다는 사실만으로도 우리나라가 정말 괜찮은 나라라고 생각하는 쪽이다.

힘들지 않은 일이 어디 있을까만은 오페라단 꾸려가는 일은 정말 힘들다. 국립오페라 단장도, 국제오페라단의 김진수 단장도 나만 보면 오페라단 꾸려가기가 정말 힘들다고 하소연한다. 김자경 단장도 한숨 반, 눈물 반으로 오페라단을 운영해 왔다고 회고한다.

아무튼 그때는 얼마 지나지 않아 오페라단 하나 또 폐업하는구나 생각했다. 일종의 편견이었을지도 모를 생각이었다.

그런데 한국오페라단이 KBS홀을 대관해서 창단 공연을 하는데 이게 장난이 아니었다. 박기현 단장이 상상을 뛰어넘게 일을 잘하는 것이었다. 공연 준비도 깔끔하게 하고 일처리도 치밀하게 해내는 것이 '한두 해는 무난히 버티겠구나' 하는 생각이 절로 들었다.

혹자는 오페라단을 운영하면 혹시 돈을 많이 벌지 않을까 하는 생각을 가지고 있을지도 모른다. 일단 보기에 화려해 보이고 간혹 신문에 오페라표가 매진이라고 나오면 입장권이 무지무지하게 비싸니까 꽤 벌겠구나 라고 생각하기도 할 것이다. 그러나 미래는 어떨지 몰라도 현재는 전혀 아니다. 사업을 하는 사람들 중에는 돈도 못 버는데 뭣하러 오페라를 하느냐고 반문하는 사람도 있을 것이다. 그러나 그것은 일종의 사명감 같은 것이다. 오페라뿐만 아니라 순수 문화예술을 가지고 돈벌이를 한다는 것은 선진국에서도 거의 불가능하다.

엄밀히 말해서 문화예술 사업은 돈을 벌기 위한 것이 아니라 삶을 위한 투자이다.

우리는 단순히 경제적으로 부유한 나라라고 해서 선진국이라고 하지 않는다. 돈이 생기지 않아도 문화에 투자하고, 복지시설이나 사람들의 삶의 질을 높이는 데 투자를 많이 하는 나라를 우리는 선진국이라고 한다.

그리고 좋은 문화를 가꾸고 지켜가는 나라는 문화대국이라고 한다. 전통이나 순수예술은 우리가 계승하고 발전시켜야 할 가치에 관한 문제다. 대중적인 문화예술의 토양을 좋게 만들기 위해 순수예술에 투자한다고 생각하면 어떨까? 나의 개인적인 생각으로는 국가가 모든 순수예술의 책임을 다할 수는 없는 일이고 대신 생각을 바꾸어 이 일을 하는 개인을 국가적인 차원에서 지원하는 것도 괜찮은 일일 것 같다.

이야기는 빗나갔지만 나의 이런 생각은 박기현 단장과는 무관하다. 전적으로 나의 의견이다.

누구든 마찬가지겠지만 나 역시 높은 분이라고 무조건 존경하지 않는다. 대신 존경받기에 합당한 행동이나 일 그리고 업적을 쌓은 사람은 여자건 남자건 나이가 많건 어리건 간에 존경스럽다. 사실 높은 분들도 일을 잘해서 높이 올라간 경우가 아닐 때가 많으며, 유명한 분들도 명성만큼 기대에 못 미칠 경우가 많은 것을 우리는 자주 보게 된다.

내가 존경한다는 것이 본인에게 무슨 큰 이익이 있을 리 없겠지만 아무런 관련도 없는 사람에게서 존경을 받는다는 것은 기분 좋은 일이 아닌가. 어찌 되었든 몇 년 버티면 잘 버티는 거라는 나의 생각은 여지없이 빗나갔다. 그리고 사실 그것은 우리 자신을 위해서도 좋은 일이다. 한국오페라단은 여전히 공연도 잘하고 연말이면 여전히 연하장도 날아온다. 그러니 잘 있다는 이야기가 아닌가.

사실 나도 박기현 단장에 대해서 개인적으로는 잘 알지 못한다. 그렇지만 젊은 오페라단장이 그 풍파 심한 세상을 잘 헤쳐가며 우리나라의 공연예술의 발전에 큰 기여를 하고 있다는 생각을 늘상 가지고 있다.

한국오페라단 단장에게 큰 박수를 보낸다. 요즈음 무척 힘들기는 하지만 우리나라에 잘 나가는 오페라단이 여전히 건재한다는 것은 아무리 생각해도 역시 기분 좋은 일이다.

이벤트와 KBS 이원홍 사장

KBS 사장님에 관한 이야기를 하려면 내가 비서로 보필하였던 서영훈 사장이나 서기원 사장의 이야기를 해야 한다. 하지만 나는 여기서는 이원홍 사장 이야기를 하려고 한다.

내가 처음 서영훈 사장의 비서로 발탁되어 비서실로 발령을 받자 한 친구가 "KBS에는 그렇게 인물이 없느냐"고 했다.

우리가 일반적으로 떠올리는 비서에 대한 선입견은 인상착의가 깔끔하고 미남형에 매너 좋고 머리 잘 돌아가고 눈치 빠르고 뭐 그런 인상들이다. 그런데 본인은 그런 인상하고는 거리가 멀다. 철학자 소크라테스가 "네 자신을 알라"고 했지만 사실 스스로를 안다는 것은 다른 어떤 일보다 더욱 어려운 일이다. 내 생각에는 막걸리 타입의 시골스런 놈이 내 자신에게 더 근접한 이미지라고 생각한다. 무슨 비서 이야기가 그렇게 장황한가 할지 모르겠다.

왜 엉뚱하게 이원홍 사장의 이야기인가 하면, KBS 사장과 비서에 관한 이야기를 하려는 것이 아니라 이벤트에 관한 이야기를 하려고 하기 때문이다. 그분이 했던 일 중에는 도저히 납득이 가지 않는 부분이 많은 것도 사실이었지만 우리가 행사에 대해서 잘 모르고 있었던 그때에 이벤트에 대해서는 일찍이 탁월한 식견을 가지고 있지 않았던가 하는 생각이 있다. 이원홍 사장이 주일(駐日) 공보관을 지냈을 때 그곳에서 일본의 행사문화에 대해 깊은 연구를 했었다는 것을 후에 들었다.

KBS의 역사는 복잡하고 많은 사연을 가지고 우리나라 현대사와 그 변화의 괘적을 같이하고 있다. 1980년대 여러 가지 정치적인 상황으로 이행된 언론통폐합이라는 과정 속에서 서로 다른 집단의 이합집산으로 KBS의 조직이 구심력을 상실하고 있을 때였다. 왜 언론통폐합이 필요했는지, 누가 통폐합을 주도하고 무슨 목적으로 그랬는지 나는 잘 알지 못한다. 역사 앞에 비밀이 없다면 이것은 시간이 사실을 밝혀 주리라 생각한다.

이러한 과정에서 함께 근무하던 직원들이 본인의 의사와 관계없이 해직이라는 이름으로 회사를 나가게 되자 떠난 자들, 남은 자들 모두 상심의 시간을 보내고 있었다.

서로 이질화되어 있는 사람들이 통폐합 과정에서 내는 불협화음은 서로를 같은 집단이라는 틀에 묶어 두지 못하고 있었다. 누구나 문화와 사고방식, 행동양식이 서로 다른 집단의 물리적인 결합이 처음부터 잘 융화되리라고는 생각하지 않을 것이다.

이러한 상황에서 국풍이 열렸다. 국풍의 원래 기획의도는 새로운 국민적인 축제를 하나 만들어 보려고 한 것이었으나 이러한 의도는 실패하였음을 솔직히 인정해야 한다. 그러나 이를 통해 우리 회사의 내부적인 이질 집단을 하나로 묶는 데는 성공했다고 할 수 있다. 조직의 구심력을 회복하는 도구로 국풍이라는 이벤트를 십분 활용하였다고 생각한다.

물론 모든 이질적인 요소들이 이벤트 한 번을 통해서 없어지지는 않는다. 그러나 함께 어떤 목표를 추구하다 보면 공유의식이 생기고 이것을 바탕으로 한 가족이라는 새로운 집단의식이 생기게 되는 것이다.

이원홍 사장은 직접 총연출자로서 카리스마를 휘두르며 이합
집산되었던 조직을 통합시키는 데 국풍이라는 이벤트를 유감 없
이 활용하였다. 그분이 이벤트의 속성을 이해하지 못했다면 이
를 활용할 수 없었을 것이다.

일본은 마츠리(축제)의 나라라고 할 만큼 축제 문화가 발달한
곳이다. 각 고을마다 고유한 축제를 가지고 있으며 마츠리를 이
해하지 못하고서는 결코 일본을 안다고 말할 수 없다고 이야기
하는 사람도 있다. 축제를 통해서 구성원들 각자의 역할이 주어
지고 그 역할 수행을 통해 자신의 정체성과 존재 가치를 느끼게
된다. 일본의 그 강력한 단결력은 주어진 것이 아니고 축제를 통
해서 얻어진 것이라는, 그 구성원들만이 가지는 정체성으로 인
한 것이라는 지적은 틀린 말이 아닌 듯하다.

구정이 '민속의 날'이라는 이름으로 우리 세시풍속의 명맥을
이어가고 있을 때 우리는 정월 대보름을 맞이하여 고유한 세시
놀이를 총집결한 민속축제를 준비하고 있었다. 이때 이원홍 사
장이 정부의 문화공보부 장관으로 발령이 났고 이에 우리는
KBS 사장이 공석인 상황에서 행사를 실시하게 되었다.

행사 당일에 전국적으로 눈이 내려 여의도 광장도 하얗게 눈
으로 덮였다. 급히 영등포구청에 연락, 제설 차량을 동원해서 광
장을 치우고 있는데 느닷없이 이원홍 장관이 행사 현장에 오셨
다. 이벤트에 얼마나 관심이 많았는지 장관으로 발령이 난 후에
도 우리 이벤트에 오셨을 정도다.

그분은 장관이 된 후에도 많은 이벤트를 기획하여 실시하였다.

우리 회사에 있을 때에는 사장으로서 강력한 인사권을 행사하
였고 일에 대한 욕심과 추진력 등으로 많은 일화를 남긴 분이다.

강력한 권위를 가진, 업무파악 능력이 뛰어난 사장으로서 예
고 없이 새벽이나 밤늦게 현장에 나타나 시도 때도 없이 불호령
을 내리고 확인하고 일을 챙기는 습관, 무시로 휘두르는 인사권

때문에 사장의 그림자만 보아도 주눅이 든 우리 사원들이었다. 덕분에 외모나 분위기가 비슷한 우리 부서 김주해 씨가 많은 사람들로부터 인사를 받은 적이 한두 번이 아니다. 정작 두 사람은 서로 마주쳐도 별 반응이 없었지만 ….

사람마다 그분에 대한 기억이 서로 다르겠지만 이벤트를 기획하는 내 입장에서는, 문화공보부 장관 혹은 KBS의 사장으로서보다는 이벤트에 대한 이해와 열정 그리고 안목으로 오래 기억에 남는 분이다.

사람과 사람들에 대하여

우리 회사에서는 부대사업이라는 이름으로 외부 행사 사업 즉 각종 이벤트를 지원하고 후원하는 일을 하고 있다. 이와 관련하여 나는 많은 사람들을 만나고 함께 일할 기회도 자연스럽게 갖는다. 사람들의 생각이나 행동양식은 저마다 달라 백인백색(百人百色)이기는 하지만 그래도 접하다 보면 어떤 범주에 묶을 수 있다.

산다는 일이 결국 만나고 헤어지는 것이라면 그 중에서도 사람 만나고 헤어지는 것이 가장 소중할 것이다. 굳이 심리학을 전공하지 않아도 사람들에 대해서 안다면 살아가는 데 도움도 될 것이고 사실 사람을 안다는 것보다 재미있는 일은 없다.

사람들에게 성격이 급한 편인지 아니면 느긋한 편인지를 물으면 대부분이 급한 편이라고 말한다. 나 역시 마찬가지인데 우선 같이 근무하는 동료들이 급하다고 말하며, 상대방이 사람 좋아 보이고 약간 동서남북 가리지 못하면, 잘난 체 설치며 도와주다가 결국 "아뿔싸" 하고 후회하는 경우가 많아 본인 스스로도 성급한 성격이라고 말한다. 그런데 또 어떤 이들은 나를 보고 급하기는커녕 매우 신중한 성격이라고 한다. 이렇듯 사람이 자기 스스로를 잘 안다는 것은 정말 어렵다.

우리 회사에서는 저녁 5시 30분에 <동물의 왕국>이라는 프로그램을 방송하는데 그것을 보고 있노라면 동물들은 다 비슷한 유형을 가졌구나 하는 생각이 든다. 어떤 동물은 위협으로, 어떤 동물은 속임수로, 어떤 동물은 변신으로 생존을 위한 갖가지 방어기제를 가지고 산다. 그 모든 방어기제를 다 가지고 있는 동물은 사람뿐이 아닌가 하는 생각이 든다.

이벤트에서 사람을 만난다는 것은 일을 성취하는 과정이거나 커뮤니케이션의 수단일 수 있다. 이래저래 사람들을 만나 이야기한다는 것은 일을 성취하거나 취미활동을 하거나 자신의 생각을 발표하거나 동의를 구하기 위해서일지도 모른다. 일을 성취한다는 것은 목표를 정하고 사람을 만나 서로의 차이점을 조율해서 한 가지 목표를 향해 가는 과정이다.

행사를 통해 많은 사람들을 만나게 되는데 사람들이 생존하는 방법을 돌이켜 생각해보면 의외로 재미있다. 물론 타인의 생존에 희생되어 속거나 당하는 입장에서는 결코 재미있는 일이 아니겠지만 말이다. "열 길 물 속은 알아도 한 길 사람 속은 모른다"는 우리 속담처럼 사람 유형은 이 사람은 어떻고 저 사람은 저렇다고 딱히 한두 가지로 이야기할 수 있을 만큼 간단히 설명되지 않는다. 그러나 사람들의 행동양식에는 그 나름대로의 유형과 특징을 가지고 있는 것을 볼 수 있다. 이러한 분류나 분석은 순전히 개인적인 취향으로 재미로 생각해도 그만이고 혹 그것이 여러분이 일을 하는 데 도움이 될 수 있을지도 모르겠다.

우리의 일상에서 아주 흔히 만날 수 있는 타입이 설명형의 사람이다. 설명형은 자신이 기획한 행사를 도와달라고 부탁하면서 상대방의 생각이나 의견은 전혀 상관없이 자신의 이야기만 한다. 마치 이야기를 전하는 것이 자신의 의무나 역할이라고 생각한 듯이 무조건 설명만 한다. 이야기란 상대방과 의견을 교환하다가 차이점이 나오면 그것에 대해서 서로의 견해를 접근해가야 하는 것이 아닌가. 설명형의 사람들은 본인이 설명만 하면 상대는 모두 이해하여 줄 것이라고 생각하는지도 모른다.

이야기를 할 때는 상대방이 이야기를 들을 수 있는 상황인지 살펴야 하고 상대의 생각과 주장을 들어야 한다. 설명형의 사람들 중에 특히 고약한 경우는 자신은 설명한 대로 생각하지 않으면서 상대에게는 자신의 생각을 강요하는 것이다.

설명과 설득은 다르다. 설명은 사실을 그대로 이야기하는 것이고 설득은 사실을 이야기하되 자신의 생각에 동의하도록 만드는 것이다. 자신이 목표한 바를 성취하기 위해서 서로 이해하지 못한 부분을 솔직히 털어놓고 이왕이면 설득을 해 보는 것이 어떨까?

외유내강형도 있다. 가련형, 특히 여자들에게 많은 형으로 일전에 어떤 사람이 행사를 도와달라고 한 적이 있었다. 일에 대해 너무 모르는 것 같아서 조금 아는 체하고 이것저것을 도와줬었는데 나중에 알고 보니 너무나 많이 아는 사람이었다. 일이 끝나고 나서 당했구나 하는 기분을 지울 수가 없었다. 사람 대하는 일이 솔직한 것이 좋다고 모두 솔직할 수는 없겠지만 뒷맛이 떨떠름해지는 관계는 피해야 옳을 것이다.

무슨 이야기든지 반사이익을 얻을 수 있는 사람이 말하면 무조건 옳다고 하는 식의 사람들이 있다. 일종의 예스맨(yes-man)이라고 할까. 엎드려 숨죽이고 무슨 말이든지 옳으니 봐 달라고 한다. 어떻게 보면 상대방의 동정과 애처로움을 유도하는 가련형과 비슷해 보이지만 가련형과는 조금 다른 뉘앙스를 가지고 있다. 이런 사람들은 반대의 경우가 되면 상대방에게도 같은 행동양식을 요구한다. 인간관계에서 일방적인 것은 옳지 않다. 각자에 대해서 책임의식을 가지고 대할 수 있어야 관계가 오래 지속될 수 있는 것이다.

손바닥의 손금이 벗겨질 정도의 아부형이 더러 조직의 내부에서 성공하여 높은 자리에 앉게 되는 경우를 볼 수 있다. 그러나 이런 사람들이 조직의 책임을 맡게 되면 그 조직 전체가 폭삭 망한다는 것은 굳이 예를 들지 않아도 많이 보았을 것이다. 나는 남의 생각과 상관 없이 자기 말만 하는 사람이나 예스맨, 싸움 잘해서 성공했다는 사람을 보지 못했다.

문교부 혜택을 많이 받은 사람들이 제일 힘들어 하는 상대는 아마도 막무가내형일 것이다. 한참 행사를 하는데 시골 할아버지께서 본부로 오셔서 막무가내로 무엇을 해달라고 하면 대책이 없다. 논리적으로 "이건 이렇고 저건 저렇습니다" 하고 따지는 일이야 가방끈 긴 사람들의 주특기가 아닌가. 이런 막무가내 억지형에는 논리적이라든가 합리적이란 말은 통하지 않는다. 어거지를 상대할 수 있는 무기는 오직 어거지뿐이다.

성경에도 같은 말이 나온다. 사도 바울에게 어떤 사람이 와서 "이단자는 어떻게 합니까?" 하고 묻자 사도 바울은 "몇 번 꾸짖은 다음 다시는 상대하지 말라"고 했다. 막무가내형은 몇 번 꾸짖은 후에 상대하지 말아야 한다. 진화가 덜 된 사회에서는 억지도, 막무가내도 통할 수 있다. 그러나 사회가 복잡해지고 다원화할수록 이에 걸맞는 행동양식이 요구된다. 농경사회에서는 모범이 되는 행동양식도 도시산업사회에서는 통하지 않을 수 있음을 알아야 할 것이다.

협조를 요청을 하러 와서 조금만 틈을 보이면 싸우려고 덤비는 사람들이 있다. 전투형 싸움닭의 전형이다. 이런 분들은 섭외에 적절치 않다. 일견 추진력이 있어 보이기는 하나 실제로는 일에 대한 돌파력이 없는 경우가 대부분이다. 협상의 과정은 서로 다른 의견에서 출발하여 한 발씩 한 발씩 접근하는 것이다. 다양한 욕구를 가진 현대사회에 싸움형은 적절치 않다. 이런 사람들은 조직적으로 사회적으로 적응하기 힘들다.

우리 회사 같은 국영기업체에 오는 사람들 중에는 윗분을 파는 사람들이 특히 많다. "나 말이야, 누구하고 가까운데" 아니면 "누구 아시죠?"라고 말하는 사람들이다. 높은 사람 많이 아니까 알아서 하지 않으면 당신 출세하는 데 지장 있다는 표현이다. 조직사회의 생리를 잘 이해하는 사람이다. 윗사람이 부탁하면 인간적인 면에서 차마 거절하기가 힘들다는 것을 최대한 이용하는 것이다. 물론 조직사회에서 쓸데없이 사람들과 충돌하는 것은 결코 이로울 것은 없다. 하지만 안되는 것은 안되는 것이다.

아직도 윗사람 팔아서 일이 잘될 것이라고 생각하는 사람들이 많다. 물론 윗사람들은 많은 결정권을 행사한다. 또 그분들의 부탁도 거절하기 힘들다. 특히 조직에 속해 있는 사람이라면 상사의 명령이나 권고를 거절할 수가 없다. 그러나 나는 윗사람을 파는 것보다 성실하게 자기 자신을 보이는 것이 훨씬 효과적일 것이라는 생각을 갖고 있다.

1996년에 공군에서 '96 에어쇼를 개최하였다. 그때 이 일의 홍보를 맡아 우리 회사에 출입한 사람이 김규진 중령이었다. 어느 날 우리 회사에 찾아와서 시간을 조금 빌려 달라고 한 김 중령은 에어쇼를 왜 하게 되었는지, 배경이 무엇인지, 이 행사를 어떻게 꾸미려고 하는지 설명하며 도와달라고 하였다. 김 중령은 차분하고도 진지하게 그리고 열정적으로 자신의 일과 자신이 해야 할 일을 이야기하였다.

마침 우리 회사에서도 위성 시험방송이 개시되어 'KBS와 함께 위성시대를'이라고 씌어진 깃발을 달고 공중에서 점프하는 오프닝 비디오 장면이 필요했다. 에어쇼의 홍보와 공중점프 비디오 제작을 해주는 조건으로 서로 도움을 주기로 협상하였다. 김 중령은 이 깃발 제작을 위해 호주에 고공점프를 의뢰했고 깃발이 자꾸 말려 올라가서 다시 제작하기를 무려 네 번이나 하였다. 에어쇼의 홍보 문제로 너무나 바쁜 일정 보내면서 얼굴 한 번 찌푸리는 일 없이 열정적으로 일을 했던 김 중령은 결국 행사가 끝나고 병원 신세를 져야 했다.

처음에는 교환 조건 형태로 일을 시작하였지만 나중에는 조건과 관계없이 서로 자신의 일을 열심히 하였다. 열정은 다른 사람들에게도 전염되는 특성을 가지고 있다. 핑계대지 않고 자신의 일을 열심히 한다면 다른 사람들도 서로 돕게 될 것이라고 확신한다. 회사 일을 자신의 일처럼 열심히 한다면 함께 일하는 사람들에게도 그 열정이 옮겨간다. 그것이 사람의 마음을 움직이는 비결이다.

설득한다는 것은 아마 서로 이해하는 것일 게다.

상대를 설득하려면 스스로에게 설득당해야 한다. 설득하려는 사람들이 통상적으로 범하는 오류는, 자신은 그렇게 생각하지 않으면서 상대방에게만 그렇게 이해하도록 강요한다는 점이다. 설득형 중에서 오류를 범하는 사람들을 보면 밥 먹는 이유도 설득하려고 하는 것처럼 보인다. 설득은 일방적인 것이 아니다. 상대방과 함께 이해하고 공유의 폭을 넓혀 간다는 의미이다. 시간이 조금 걸려도 설득하여 일을 진행한다면 나쁠 것이 없다.

성공하는 사람들은 저마다 특성을 가지고 있다. 무슨 일이든지 자기 일처럼 하는 사람, 열정적으로 일하는 사람, 신용을 생명처럼 지키는 사람, 훌륭한 설득력을 가지고 있는 사람, 뛰어난 기술을 가지고 있는 사람 등 저마다 각양각색이다.

초단위 경영기법의 저자인 삼원정공의 양용식 씨는 회사 일을 내 일처럼 한다고 한다. 한 번도 남의 일이라고 생각해 보지 않았다고 술회한다. 무엇이든지 자신의 일처럼 열심히 한 사람들이 성공한다.

한심한 것은 스스로 해 놓은 것도 없으면서 유명한 사람 자기가 키웠다는, 그런 종류의 이야기를 하는 사람들이 아닐까?

건강한 인간관계를 이루기 위해서는 서로에게 하고 싶은 이야기를 정직하고 당당하게 할 수 있어야 한다. 물론 당당히 이야기할 수 있어야 하는 데는 반드시 상대에 대한 배려가 있어야 한다. 배려 없는 당당함은 오히려 부담을 줄 수 있다. 환자의 병을 제대로 고지하는 것이 히포크라테스 선서를 한 의사의 의무라고 해서 매우 심약해 보이는 상대 환자에게 곧 죽을 것이라고 이야기한다면 그것은 옳은 일이 아니다. 상대방에 대한 배려가 없기 때문이다.

인간의 관계란 묘한 것이다 어떤 형태의 인간이 옳다거나 나쁘다거나 하는 판단은 잘못이다. 서로가 어떤 사람이며 어떻게 조화를 이룰 것인가를 아는 것이 더욱 중요한 일이 아닌가 한다.

프로에 대하여

KBS는 해마다 서울신인음악콩쿠르를 개최해 성악, 바이올린, 피아노, 첼로 악기 연주자 중에서 최고를 뽑고 있다. 국내 콩쿠르로서는 유일하게 KBS교향악단과 협연으로 진행하고 있는 대회로서 국제 콩쿠르에서도 교향악단과 실제 협연하는 콩쿠르는 몇 되지 않는다.

1996년에 있었던 일이다.

콩쿠르 참가자 접수를 받고 있는데 참가신청을 하던 K형이 "전 한국에 아는 선생님도 없는데 …"라며 말꼬리를 흐렸다. 옆에서 접수하는 것을 지켜보고 있던 나는 웬지 슬그머니 부아가 치밀어 "실력이 없으면 없다고 말하지 선생님 타령은 왜 해요?"라고 통박을 주었다.

미국에서 유명한 음악학교를 졸업한 K형은 한국 콩쿠르는 실력보다는 연줄에 따라 당락이 결정된다는 이야기를 들었노라고 했다.

말이 많은 음악계이다. 음악교육이 개인 레슨이라고 하는 도제교육 방식을 가지고 있기 때문에 어쩔 수 없이 선생과 제자가 밀접한 관계를 갖게 되고 선생님이 가르쳐 준 대로 연주를 하면 점수를 후하게 줄 수밖에 없다. 그래서 시비가 잦은 것이 콩쿠르이다. 가끔씩 시비가 있기는 하지만 우리 회사의 콩쿠르는 정말 공정하게 실력대로 평가한다고 자부한다.

입상 못할지도 모른다던 K형은 탁월한 실력으로 그 해 우승을 차지했다.

우승자와 입상자들은 이듬해에 KBS교향악단과 함께 서울과 지방을 돌면서 순회 연주회를 개최했는데 우리는 프로답게 행사를 잘 치렀다. K형도 당연히 연주회에 참가했고 기간 중에 행사 진행으로 바쁜 나와 깊은 이야기를 나눌 시간은 없었지만 콩쿠르나 연주회를 진행하는 솜씨가 미국에서 듣던 것과는 다르다는 말을 했다.

순회연주회도 끝나고 이제 막 더위가 시작되려는 짜증스런 6월의 어느 날, K형에게 아주 간단한 내용의 엽서를 받았다.

좋은 연주회를 위해서 애써 주었다는 것, 우리 연주회가 끝난 후 세계 여러 곳을 유람선을 타고 다니며 좋은 여행을 하였다는 것과 미래에 다시 볼 수 있기를 바란다는 것, 건강을 기원한다는 등의 짤막한 내용이었다.

연주회 동안 이야기를 나눌 기회도 없었지만 잊고 있었던 지나간 시간을 되살려 주는 소식은 그 자체로도 기분 좋은 일이다. 감동을 줄 수 있을 만큼은 못 되어도 최소한 내가 열심히 일한 것이 다른 사람에게 전달되었다는 의미는 갖는다.

내가 보낸 답신이다. 삶과 프로 연주자에 대한 나의 생각이다.

K형

정말 뜻밖이었습니다.

편지를 받아보리라는 생각은 하지 못했습니다.

우리는 살아가면서 삶의 중요한 순간에 서로 만나 알게 되고 또 헤어지지만 일부러 시간을 내어 그 시간들을 회상하려 하지는 않습니다.

한국에서의 연주여행이 인생에서 의미있는 시간들이 되었으면 하는 바램입니다.

생에서는 성공할 수도 있고 실패할 수도 있습니다.

따지고 보면 성공이나 실패는 생의 결과에 관한 아야기입니다.

그러나 산다는 것은 결과가 아니고 과정이라 생각합니다.

좋은 과정은 좋은 결과를 가져올 수 있지만 좋은 과정이라고 해서 반드시 결과가 좋지는 않습니다. 말하자면 과정이 좋다고 성공이 보장이 된다고 이야기할 수는 없는 것입니다.

우리는 삶에 관한 한 어떠한 결론도 미리 내릴 수는 없지만 그래도 저는 결과보다 과정이 더욱 중요하다고 생각합니다.

그저 자신이 옳다고 생각하는 것을 믿고 사는 것이지요.

마음과 영혼으로 연주할 수 있는 연주자가 되었으면 하는 바램입니다. 그러나 더 소중한 것은 삶이 행복해지기를 소원합니다.

편지를 받는다는 것은 작은 행복일 수 있습니다. 답장을 늦게 쓰는 것도 그 기쁨을 가능한 오래 보존하는 하나의 방법이 될 수 있습니다.

살아가는 동안 행복한 시간의 총량이 많으면 그 인생은 행복하다고 말할 수 있을 것입니다.

좋은 여행을 했다니 정말 축하를 드립니다.

한편으로는 부럽기도 합니다. 생각만으로도 그 여행은 정말 하고픈 이야기가 많을 것 같습니다.

살다보면 자연스럽게 얼굴 마주할 기회가 있는 법입니다. 그때는 더 행복하고 감동적인 이야기로 채워진 지나간 시간에 대해서 들을 수 있으리라 생각합니다.

지난 연주회에서 설사 실수가 있었어도 최선을 다했다면 변명하지 맙시다. 프로는 변명하지 않는 것이라고 생각합니다.

저도 하고 있는 일이 최상은 아니어도 최선이 되도록 노력하겠습니다. 그리고 변명하지 않겠습니다.

생각이 프로가 되면 그 사람은 이미 프로인 것입니다.

프로도 좋지만 삶이 더욱 행복하기를 소망합니다.

장마철이라서 조금 견딜 만은 합니다만 이곳은 매우 더운 날씨로 사람들이 힘들어 하고 있습니다.

늘 건강하고 행복합시다.

신의 은총이 늘 함께 하기를 기원합니다.

1997. 7월의 뜰에서

이후로 K형이 다닌 학교 학생들이 우리 콩쿠르에 많이 참가한다. 아마 K형이 우리 콩쿠르가 공정하고 깔끔하게 치러진다고 소문을 낸 모양이다. 우리의 작은 노력이 다른 사람에게 기쁨을 주고 한국에 정말 괜찮은 콩쿠르가 있다고 사람들에게 인식되는 것은 좋은 일이다.

이벤트를 만드는 사람들

세상에는 이벤트를 기획하는 수많은 업체들이 있지만 우리 회사 이야기부터 해야겠다. KBS의 행사부서는 우리나라의 이벤트 역사와 뗄래야 뗄 수 없는 관계이다. 맨처음에는 사업부라는 이름으로 존재하였는데 그야말로 초기의 행사 사업부서라고 할 수 있다. 초기에 이 부서에 근무하셨던 분들 중에는 돌아가신 분도 있고 현존하는 분도 있다. 돌아가신 분 운운하니까 굉장히 오래된 듯한 느낌이지만 한국방송공사가 1973년에 창립되었으니까 실상 그리 멀지 않은 옛날이다.

1980년대에는 우리 부서의 이름이 개발사업실이었으며 일반적으로 이벤트라는 용어 자체가 지금처럼 폭넓게 사용되지 않았던 때였다. 사회적으로 부동산 열기가 한창이었고 ○○개발이라는 부동산 회사의 이름이 유행했기 때문에 내가 동창회에 가서 명함을 내밀면 친구들 대부분이 "야! 너 KBS에 입사했다더니 부동산 투기하고 다니냐?" 했던 웃지 못할 이야기가 있다. 그후 문화사업국, 다시 원점으로 돌아가서 사업부 그리고 앞뒤에 이런저런 수식어를 붙여가면서 큰 줄기로 사업부라는 명칭으로 지금까지 명맥을 유지하고 있다.

이벤트 부서의 업무는 하나도 똑같은 일이 없다. 일반적인 다른 조직에서는 내용이 다소 복잡하여도 더러 같은 일들, 우리끼리 하는 이야기로 이른바 '공 먹는' 업무가 조금씩 있는데 이 부서의 일은 모조리 처음부터 새로이 하나씩 준비해야 한다. 빠뜨려서도 안되고 생략해서도 안되며 정확하게 모든 사소한 절차까지 순서대로 밟아야 하는 과정을 중요하게 여기는 특징을 가진 것이 이벤트 부서인 것이다.

우리나라 사람들은 매사에 모든 일을 급하게 처리하여 문제를 만들 때가 많지만 우리 부서는 특성상 빠르게 결정하고 업무지시를 내려야 하는 경우가 많다. 상황에 따라 빠르게 결정해야 하는 것은 빨리 해야 한다. 윗분의 생각이 의사결정에 비중 높게 영향을 미치고 결정사항이 아래로 위임되지 않는 한 빠른 결정은 실무자들을 숨가쁘게 하지 않아 좋다.

내가 캐나다 밴쿠버로 여행 갔을 때의 일이다. 중국음식이 먹고 싶어서 중국식당에 갔는데 음식을 주문하고 찬물을 달라고 했다. 한참을 기다려도 가져 오지 않길래 중국말로 "찬물 빨리 빨리"를 큰소리로 말했더니 그 중국집 주인이 내게 다가와서는 갑자기 우리나라 말로 "한국에서 오셨죠?" 하는 것이 아닌가. 내가 깜짝 놀라서 "그렇습니다" 하니까 그 중국 양반 말씀이 그 "빨리 빨리" 소리 듣기 싫어서 이곳으로 왔더니 또 들었다고 웃으며 말하는 것이었다. 우리나라 사람들이 가진 급한 성격의 한 단면을 보여주는 예이다.

초창기 시절에 우리 이벤트 사업의 책임자였던 손영호 본부장은 우리 회사 부사장을 거쳐 지금은 개인회사를 운영하고 있고 조성민 실장은 고인이 되었다. 당시 실무의 총책으로 나의 사부였던 방원혁 부장은 TV본부장을 거쳐 지금은 감사를 하고 있으니까 시간이 제법 흘렀음을 실감할 수 있다.

나는 방원혁 사부에게 많은 일을 배웠다. 많이 혼나기도 했고 …. 내가 지금 이벤트 한다고 폼 잡을 수 있는 것도 다 이분 덕이다. 나한테는 조금 '맹'한 구석이 있어 아이디어 하나 내라고 지시받으면 며칠 동안 끙끙 앓기만 하다가 제풀에 꺾이고 마는 경우가 많았다. 그런데 이분은 가만히 앉아 "받아 적어" 그리고 부르는 대로 줄줄 받아 적으면 별로 고칠 필요 없이 그대로 기획서가 되는 경우가 많았다.

우스갯 소리로 "서당개 삼 년이면 풍월을 읊고 식당개 삼 년이면 라면을 끓인다"고 하지 않았던가. 이분 밑에 있었던 덕에 기획과 기획의 방법, 생각하는 방법들을 배웠다고 하여도 조금도 지나치지 않다.

개발사업실 시절에는 일을 매우 일사분란하게 해치웠다.

그러나 여기서는 가능한 한 이상원 국장이 책임을 맡고 있었던 문화사업국 시절을 이야기하려고 한다. 왜냐하면 당시 우리 조직에는, 그들 중 하나만 있어도 다른 조직에서 골치 아파 일 못하겠다는 재미있는 사람들이 많았기 때문이다. 정말 그때의 조화는 지금 생각해도 불가사의한 일 중의 하나이다. 그들의 한 단면을 통해서 이벤트와 이벤트 조직을 이해하는 데 조금이나마 도움이 될 것으로 생각한다. 이 기록은 오로지 나의 시각으로 적은 것으로, 본인들의 생각이나 실제의 모습과는 다분히 다를 수도 있다는 것을 먼저 밝혀둔다.

협동과 조화 그리고 상호 보완적인 관계가 요구되는 이벤트 사업에서 우리 부서는 개성이 강하고 독특하기가 마치 물과 기름 같은 사람들로만 이루어져 있었다. 도저히 화합하고는 거리가 먼 듯한 사람들이었음에도 불구하고 더러는 다투기도 했지만 불가사의한 조화를 이루며 살았다. 대장의 사람 운용 솜씨가 좋아서인지, 아니면 서로가 만만치 않으니까 상대방의 강한 개성을 존중해서인지는 잘 모르겠지만 어쨌든 대장—이상원 국장을 우리끼리는 그렇게 불렀다—의 통솔 아래 잘 화합해 지냈으니 지금 생각해도 신기할 정도이다.

우리 대장은 판단이 서면 시원시원하게 결정이 빠르다. 보스다움이 있고 보기에도 강한데 의외로 속내는 여린 사람이다. 우리가 실수해서 대장을 곤혹스럽게 만들면 막 야단하다가도 나중에 소주 사주며 위로할 줄 아는 인간미 넘치는 구석이 많다. 별도로 '쫑'파티할 필요가 없을 정도다. 그러다가 우리가 게으름을 피우거나 엉터리로 일하면 "야, 처삼촌 벌초하냐?" 하고 어김없이 일갈한다. 우리들이 그때 하도 속을 썩여서 머리카락이 다 빠졌다고 말한다. 이벤트를 직업으로 가진 사람들은 속상하고 고생되는 일이 많아 아마 다른 직업을 가진 사람들보다 수명이 짧을 것이다.

정관영 부장은 방송 PD인데 성격이 무척 급하다. 바둑을 정상적으로 두면 웬만큼 두는데 성질 돋우면 한두 수 아랫사람도 이길 수 있다. 급하니까, 뭐든지 빨리 빨리 하니까 우리의 문화적 특성과 너무나 잘 맞는다. 가끔씩 고상하고 고급스런 아이디어를 하나씩 내놓아 사람들을 깜짝깜짝 놀라게 한다. 요즈음은 흰 머리카락이 머리를 절반 넘게 덮여서 그런지 조금 느긋한 표정이다. 아이디어도 많고 믿고 맡기면 끝까지 OK이다. 복도 많게 (?) 사업부장을 두 번이나 지냈으니 이벤트에 관한 한 단단한 실력파이다.

최익수 차장은 원래 농업 관련 연구소의 책임연구원으로 나무, 꽃, 토질, 지리 등 대해서 모르는 것이 없다. 장소 쓸 만한 데를 구하려면 이분에게 물어보면 된다.

게다가 보고서를 작성하는 데 과히 귀신(?)급이다. 조그만 단초가 되는 아이디어만 있으면 그것을 정돈하여 기획 보고서를 작성하는 데 타의추종을 불허한다. 게다가 사진은 필름 라이브러리를 가질 정도로 일가견이 있다.

최익수 차장은 나와 함께 일을 하면 누가 차장이고 누가 실무자인지 알 수 없을 때가 많다고 불평한다. 하지만 워낙 기획서를 잘 만드니 최 차장이 작업하고 나는 구경할 수밖에 없지 않은가. 우리 모두가 타자기에 매달려 있을 때 컴퓨터를 배워 워드 프로세서로 기획서를 작성해서 사람들을 기죽게 했던 장본인이다. 그러니 같은 내용의 보고서라 하여도 더 돋보일 수밖에 없다. 최 차장은 누구나 하고 싶어하는 엑스포 기획의 중추적 역할을 할 수 있는 기회도 가졌으니 나야 그저 부러울 뿐이다. 올림픽이나 엑스포는 우리의 이벤트사에서 매우 중요한 비중을 차지하고 있음에 틀림없다. 이벤트하는 사람이 엑스포에서 뭐 한가닥 못했다면 사실 문제가 있지 않은가 하는 생각이다.

직장생활을 하다보면—별로 잘못한 것 없어도—감사라는 것은 아무래도 마음에 내키지 않는다. 그러나 우리 부서는 원칙주의자 김현중 차장이 있는 한 감사에 대해서는 걱정 안해도 된다. 김현중 차장은 원칙에서 벗어나면 에누리가 없는 사람이다. 콩으로 메주를 쑨다고 아무리 이야기 해도 소용없다. 이런 사람들이 확실히 피곤하기는 하다. 그러나 하자는 대로 하면 틀림은 없다. 예산 세우고 결산하고 … 숫자에 관한 한 빈틈이 없는 것이다. 은행에 근무했으면 성공했을 것이다.

이벤트는 정확하고 빈틈이 없는 기초를 가져야 한다. 이 사람에게 정확함을 배운다면 틀림없을 것이다. 우리 부서의 모든 일들은 특성상 자로 잰 듯이 되지도 않고 정형도 없으며 돌출 상황도 많다. 그러나 그렇다고 변칙부터 우선하여 배운다면 얼마 가지 못한다.

사업파트에서는 해야겠고 원칙에는 없다고 이야기하고 이럴 때 중간에 끼어 있는 사람들은 팔팔 뛰지만 김 차장은 막무가내다. 지금도 그렇게 지내고 있으며 아마 앞으로도 그렇게 정한 원칙에 변함이 없을 것이다.

감사원에 계시는 분들은 이런 사람에게 표창을 주어야 한다. 감사원에서 정한 원칙을 그렇게 잘 지키시는 사람은 아마 없을 것이다.

행정지원 파트의 정시홍 씨는 주산 실력이 고단자인데 경연대회에서 점수를 집계할 때 컴퓨터보다도 정확하다. 간혹 집계가 되는 프로그램을 가진 컴퓨터 프로그램일지라 하더라도 입력단계에서 입력자가 실수할 수 있다. 특별히 생방송 이벤트에서 집계의 오류로 인해 낭패를 당하는 경우를 보게 되는데 나에게는 이런 예에 대한 비책이 있다. 대단한 것은 아니고 사실은 주산 고단자를 검산요원으로 배치하는 것이다. 이렇게 함으로써 생방송에서 컴퓨터로 발생할 수 있는 집계에 대한 오류를 방지할 수 있는 것을 정시홍 씨 덕택에 알게 되었다.

일반적으로 이벤트 기획 전문부서는 무대제작 등 이벤트장치에 관한 부분이 비교적 취약하다.

기획은 매일같이 하는 일이라 잘하는데 무대의 제작이나 설치에는 약한 것이다. 그런데 변성흠 씨는 무대에 관한 한 모르는 게 없다. 원래 제작지원국에서 오래 근무했기 때문에 이벤트의 하드웨어인 무대에 강하다. 우리 부서 사람들이 잘 모르는 분야에 있는 사람들을 많이 알아 마당발이라고 부른다. 이벤트를 연출하는 데 장치를 많이 알면 이벤트에 도움이 된다. 본인이 기획한 이벤트에 정확한 장치를 사용함으로써 예산의 절감이나 알맞는 분위기를 연출할 수 있다.

진종호 선배는 어거지와 무력으로 당대의 고수에 속한다. 남자답고 화끈하기가 그만인데 의외로 대장한테는 쪽을 못 쓴다. 그것은 지금도 마찬가지다. 잔머리 굴리는 데는 문제가 있어도 돌격형의 해결방식에는 그만이다. 그래도 대한민국국악제를 맡아서 잘했으니까 실력을 알아 주기는 해야 하는데 지금은 늙어서 어떨지 모르겠다. 그렇지만 무도(춤과 무예)에는 지금도 청춘이다. KBS교향악단 사무국과 이벤트 부서에만 있었기 때문에 공연에 강하다. 약간의 사기성으로 사람을 꼬시고 이벤트를 한다.

그 사기성과 돌격형 해결방식으로 문제가 생기면 해결사 노릇을 잘해 별명이 해결사다. 이벤트 회사를 차리면 출연료 문제는 잘 처리할 것 같은데 입장권은 잘 팔지 어떨지 모르겠다.

정훈상 선배의 주특기는 영어와 클래식 음악이다. 음악 전공자보다 클래식 음악을 더 좋아하고 더 많이 아는 매니아이다. 성격이 괴팍(?)하여 다른 사람들과 쉽게 어울리지도 않고 일이 마음에 들지 않으면 천금을 준다고 해도 안한다. 중동에서 영국사람들 상대로 공사계약 업무를 했기 때문에 영어를 가지고 협상계약하는 데는 일가견이 있다. 지금은 이 영어실력과 음악실력을 밑천으로 순수공연예술기획사 사장을 하고 있다. 혹자는 이 사람의 그 고약스런(?) 성격 때문에 이벤트 회사를 잘 운영하고 있다는 것 자체가 이벤트라고 말한다. 정훈상 선배는 우리나라 공연예술을 해외시장에 팔려고 그 빛나는 영어실력으로 무진 애쓰고 있다.

정 선배가 하는 일은 정말 잘 되어야 한다. 밤낮 모시고 오는 공연만 할 것이 아니라 우리 문화도 밖으로 수출해야 할 것이 아닌가? 그 첨병 역할을 하고 있으니 박수를 보내야 한다. 외국어 잘하는 사람들이 이벤트 회사에 와서 정 선배가 하는 일을 계승·발전시켰으면 좋겠다.

이벤트를 제대로 하려면 홍보를 공부하라는 말이 있다. 최한성 씨는 우리 회사 홍보실에 오래 근무했을 뿐만 아니라 홍보 인쇄물 제작의 베테랑이다. 홍보물 제작을 할 때 정교하고 섬세한 아이디어로 인쇄업자를 압도한다. 서울국제음악제의 홍보물을 전문 디자이너 같은 감각으로 만들어 사람들을 깜짝 놀라게 했다. 역대 서울국제음악제 중 가장 저렴한 비용으로 가장 빛나는 홍보물을 만들었다고 자부한다.

이벤트의 성패는 홍보가 절반이라는 말이 있다. 수많은 이벤트가 기획되는 복잡한 현대사회에서 좋은 이벤트를 제대로 알리는 것은 쉽지 않다.

티켓 판매 때문에 예매처인 교보문고에 갔을 때 일이다. 내가 잠시 화장실에 갔다왔더니 이문태 선배가 순찰차 보닛을 열어놓은 경찰과 이야기를 주고받고 있었다. 나는 속으로 '방송 PD라서 아는 사람도 많구나'라고 생각하며

"문태형 아는 사람인가요?"

"그럼."

"뭣 땜에 그러는데요?"

"응, 자동차 이야기지 뭐."

"세상 좁네요. 그 사이 아는 사람들을 다 만나고…."

"무슨 아는 사람?"

"아까 그 경찰 아는 사람 아닙니까?"

"아! 그거? 거기서 안 사람이지 뭐."

"예?!"

도무지 알 수 없는 사람이다. 무슨 날도깨비도 아니고 그렇게 쉽게 사람과 친화할 수 있는 사람도 드물 것이다. 서울대 성악과를 나왔는데 오페라 아리아 한 곡이나 제대로 부르는지는 알 수 없다. 아마도 오페라 곡 외우는 것보다는 오페라에 나오는 모든 출연자와 스태프들을 친구로 만드는 것이 더 빠른 사람일 것이다. 우리 회사는 방송국이기 때문에 전시회보다는 연주회를 많이 하는데 음대를 졸업해서 음악회는 일가견이 있다. 방송 PD로서 라이브 음악회에 무척 강한 것이 장점이다.

서울국제음악제를 할 때 '평화 음악회(peace concert)'의 아이디어를 냈고 나중에 우리 회사 클래식 음악 간판프로였던 <토요객석>을 기획·연출도 했다. 열린음악회를 철원에서 개최하여 세계적인 관심을 끌 만큼 풍부한 아이디어를 자랑한다.

이벤트 부서에서 기획서 몇 장 작성하였다고 PD들 중에 기획서 가장 잘 쓴다고 방방 뜨기도 하고 "썩어도 준치"라며 서울대

나왔다고 자랑하는데 별로 믿지가 않으니 이상한 사람임에 틀림없다.

이벤트는 혼자서 모든 것을 할 수 있는 메커니즘이 아니다. 일자체가 여러 사람이 협력해서 하지 않으면 안된다. 협력하기 위해서는 상호 의사소통을 활발히 해야 한다. 우리 사무실 나동명 씨는 하루종일 몇 마디 하지 않아 나를 갑갑하게 할 때가 한두 번이 아니었다. 의견 교환을 많이 해야 된다고 설명해도 늘 말수가 적은 편이다. 이벤트란 많은 의견교환으로 상호 혼선이 없도록 해야 하며 서로 다른 특기를 가진 사람들이 합종연횡하여 한 가지 목표를 성취해 가야 하는 것이다.

현재 이벤트라는 사업이 사회의 곳곳에서 활발하게 기획되고 있지만 우리 회사에서는 오히려 조그만 부서로 축소되어 겨우 그 명맥을 유지하고 있다. 이벤트 부서의 정확한 이름도 정하지 못하고 우리의 정체성도 제대로 확보되지 않은 그런 상황이다.

한참 활발했던 때, 엄청난 일을 저질렀으며 아마 앞으로 다시는 그런 일을 못할 것 같은 시절을 회상하는 것은 나에게 큰 즐거움이다. 사람이 하는 일이니만큼 누구든지 이벤트를 기획하고 실시할 수는 있지만 제대로 일하기 위해서는 많은 경험과 전문적인 지식을 갖추어야 할 것이다.

오늘날 이벤트가 사람들로부터 각광을 받는 이유에는 여러 가지가 있겠지만 그 중의 하나는 참여하는 사람들 모두가 해야 할 일이 있고 자기의 몫이 있어 소외되지 않는다는 것이다.

'가곡의 밤' 음악회를 개최한다면 당연히 성악가가 돋보이겠지만 성악가만 가지고는 가곡의 밤을 할 수 없다. 기획자도, 무대연출자도, 반주자도, 객석 안내요원도, 검표요원도 있어야만 한다. 그 일을 통해 각자가 자기의 몫만큼 기쁨을 누리며 그 기쁨을 상호 공유·전달한다.

이벤트를 하는 사람들은 가능한 한 아이디어, 추진력, 무대장치, 홍보 전문 등의 주특기를 갖는 것이 좋다. 그래야만 어려운 일들을 해결하는 데 상호 보완적으로 도움이 된다. 그리고 이렇게 확실한 주특기가 있어야 이벤트 회사의 사장을 할 수 있다. 무엇이든지 하나 정도는 타의 추종을 불허할 정도로 확실하게 잘하는 것이 좋다. 아이디어 하나로 이벤트 회사 하는 사람들도 많지만 기획을 잘하든 섭외 능력이 있든 홍보에 일가견이 있든 주특기 하나를 가지고 있다면 좋은 일이다.

행복반추

이벤트 연출자, 어떤 느낌인가? 어쩌면 별난 세계에 살고 있는 별난 사람들의 직업이 아닌가 여기는 사람들도 있을 것이다. 사실 이벤트 연출자라고 불리는 사람들은—사람에 따라서 생각이나 견해가 다르겠지만—바로 여러분 자신일 수 있다. "내가 웬 이벤트 연출자?"라고 말할지도 모르지만 사실이다.

여러분들은 일상에서 스스로 알게 모르게 많은 이벤트를 연출하며 살아 왔다. 따분하고 지리멸렬한 생활에서 벗어나기 위해 가족들과 함께 산행을 하기로 결정한다면—기획서는 없지만—여러분은 이미 이벤트 속에 빠져든 것이다. 이벤트의 정의를 '특별한 일'이라고 말하는 사람들이 있지만, 우리 일상의 일들은 물론이고 삶에서 가지는 관혼상제 같은 통과의례들도 경우에 따라 이벤트에 속한다고 말할 수 있다.

이벤트는 지금 이 순간에도 각종 친목단체 활동, 회사, 시장, 백화점, 지방자치단체 등에서 활발하게 기획·실시되고 있다. 이 일에 자신의 의사와 관계없이 직·간접으로 관련되었다가 나처럼 아예 이 길을 인생으로 살고 있는 사람들도 있고, 아니면 처음부터 이벤트에 흥미를 느껴 본격적으로 뛰어든 사람도 있을 것이다. 전문가로서 이 일을 하고 있든 취미삼아 하고 있든 이벤트를 하고 있는 한 우리 모두가 많은 이야깃거리와 감동을 가지고 산다. 나는 그 중에서도 운좋게 더욱 많은 이야기와 감동을 간직할 수 있는 행운을 누렸을 뿐이다.

이벤트를 한다고 하지만 개인 이벤트 회사에 근무하는 이벤트 연출자들에 비하면 사실 나는 제대로 된 이벤트 연출자가 아닐 수 있다. 그들이 정말 어렵게 어렵게 이 길을 걸었다고 한다면 나는 온실 속에서 곱게 자라 온 화초 같다고도 말할 수 있다. 나는 이미 습득된 '노하우'가 있는 KBS라는 조직에서 기획하는 방법, 진행의 기술을 배워가며 일을 할 수 있었다. 이렇게 KBS라는 거대한 조직의 보호를 받으며 준비하는 것도 어려운데 홀로 이벤트를 만들어야 하는 이들은 더욱 힘들다. 개인이나 개인 이벤트 회사에서 이벤트 만들기에 종사하는 사람들은 지원도 보호막도 없는 어려운 현실을 스스로 헤쳐가야 한다.

우리 사회에는 개인보다는 큰 조직의 제안을 더욱 선호하는 경향이 있다. 기획된 이벤트 내용의 아이디어나 참신함 등을 보고 기업이 이벤트 지원을 결정하기보다는 안전성을 위주로 후원이 결정되는 환경은 재정적으로 열세에 있는 작은 규모의 개인 이벤트 기획사들을 더욱 어렵게 만든다.

개인회사에서 이벤트를 기획하여 실시할 때, 일 년 동안 할 수 있는 이벤트의 양은 그리 많지 않다. 이에 비해 나는 개인으로서는 결코 해볼 수 없었을 다양하고 풍부한 양의 광범위한 이벤트 영역을 탐험하는 기회를 가졌고 이에 늘 감사하며 살고 있다.

혼자 알고 있기에는 너무 아까운 생각이 들어 틈틈히 써온 이 글들을 통해서 여러분이 보다 재미있고 쉽게 이벤트에 접근할 수 있지 않을까 하는 생각이다. 작은 기쁨이지만 작은 감동이지만, 서로 나누면 큰 기쁨이 되리라 믿는다. 이러한 기록은 이벤트에 대한 간접경험을 제공할 것이다. 그래서 타인의 이벤트로, 감동 속으로 여행하는 즐거움을 누리게 할 것이다.

기록한다는 것 ··· 그것에는 언제나 기록되지 않은 더 많은 일들이 있다. 마치 빙산이 수면 위에 그 모습을 조금만 드러내 놓듯이 말이다. 어쩌면 기록되지 않은 일들이 더욱 진솔한 삶의 의미일지도 모른다는 생각을 떨쳐 버릴 수 없다.

우리는 그 자리를 우리의 기억에 남는 것들, 결국은 기억하고 싶은 것들로 채우기에 추억은 언제나 아름다움으로만 정제되어 남는다.

이벤트란 많은 사람들이 모여 함께 어떤 일을 성취하는 작업이다. 실패할 수도 있고 성공할 수도 있다. 그러나 성공하기 위해서 많은 어려운 조건을 극복해 나가는 과정은 참으로 아름답다. 또 그것을 기록하는 것은 아름다움을 되새김질할 수 있어 소중하다.

아름다움이 많은 사람은 진정 행복한 사람이다.

입뽕

망각은 인간을 건강하게 만드는 참으로 편리하고 훌륭한 메커니즘이다.

하지만 사람들은 자신이 한 일 중에 최초의 일은 잘 잊지 못한다. 첫 사랑, 첫 키스, 처음 매 맞은 기억, 처음 학교에 가던 날, 처음 엄마 손잡고 외갓집 갔던 기억 등은 잘 잊혀지지 않는다. 더구나 인간에게 최초의 기억은 언제나 아름다움으로 포장되어진다. 그래서 최초의 기억이 가장 오래 가는가….

'입뽕'이라고 하는 이런 계통의 사람들끼리 사용하는 용어가 있다. 원래 이 말은 방송 PD들이 몇 년간의 AD(Assistant Direct)를 거친 후에 한 프로그램을 맡아 PD(Producer)가 될 때 쓰는 말로, 행사에서도 견습시절을 몇 년 보낸 다음 독자적으로 행사를 맡아서 하는 것을 말한다.

내가 이벤트 부서에 들어와서 음악행사로 최초로 치른 공연이 1980년대 후반의 <헝가리 부다페스트 방송관현악단 초청 공연>이었다. 이 공연은 아름다움으로 포장하기엔 너무도 많은 곤혹스러움을 겪어 잊어버리고 싶은 일이 많다.

우리나라에서 외국인의 음악공연을 하려면 문화관광부의 공연

허가를 받아야 한다. 지금은 공연 허가에 대한 절차가 많이 간소화되었으나 예전에는 무척 까다로웠다. 더구나 당시 헝가리는 미수교국에 공산권이었기 때문에 공연 허가의 과정부터 너무도 힘들었다. 현재는 미수교국이나 특정국가의 경우 개별적으로 협의하지 않고 공연허가부서에서 협의를 하는데 특정국가에 대한 분류는 문체부나 외무부에 문의하면 알 수 있다. 하지만 그때만 해도 이 공연의 허가를 얻기 위해서 공보처, 외무부, 법무부, 출입국 관리사무소, 국가안전기획부 등의 협의 과정을 거치는 복잡한 절차를 거쳐야만 했는데 공연 허가가 되느니 안되느니 하여 어지간히 애를 태웠다. 하지만 이것은 시작에 불과했다.

이 공연은 최초에 서울아카데미 대표이신 김순 여사가 주선하였는데 헝가리 측에서는 공연 3개월 전에 비행기표를 받아야 한다는 것이다. 우리 회사는 일을 결정하는 모든 행위를 공식문서의 기안과 품의제도로 실시한다. 이 공연은 당시 결재 전이었는데 우리는 비행기표를 보내기 위해서 부서의 책임을 맡은 방원혁 부장, 최익수 차장, 김현중 차장 그리고 나의 퇴직금을 걸고 사장님께 결재받은 보고서를 보여준 뒤 경리부의 양해를 얻어 항공사에 대금을 입금했다.

우리가 못 살던 시절에는 자국의 항공사를 보호하기 위한 '공무해외 여행 규칙'이라는 국무총리령이 있었다. 공무원이나 국영기업체 직원은 반드시 GTR(Government Ticketing Request)을 이용해야 하는 규정이었는데 이 제도를 잘 활용하면 복잡한 구간의 항공노선과 좌석을 항공사에서 반드시 확보해 주는 편리함이 있다. 그러나 우리는 이 규정 때문에 다시 한번 곤혹을 치르게 되었다. 우리 쪽 예산이 모자라 비행기 요금을 절약하지 않고는 오케스트라를 초청할 수 없는 형편이었는데 딴 항공사를 통해 알아볼 여지가 없었던 것이다. 당시 이 GTR을 취급하는 항공사가 대한항공 하나뿐이었던 탓이었다. 이때 여행사에 근무하는

대학 후배에게서 유럽에서 티켓팅을 하면 항공권을 싸게 구입할
수 있다는 사실을 알게 되었다. 대한항공 파리 지점에 전화를 해
서 항공권 구입 날짜에 오스트리아 쉴링으로 요금을 결제하되
국내 대한항공의 본사를 통해 한국화로 지불하는 방식으로 항공
료를 할인받아 예산 문제를 해결하였다.

일반 이벤트 회사에서 항공기 표를 사서 주어야 할 경우에는,
국내에서는 외국항공사에서 표를 예약하면 보다 싸게 살 수 있
으며 외국에서는 국내 항공기를 이용하면 할인 혜택을 보다 많
이 받을 수 있다. 그렇지 않으면 여행사를 잘 활용하는 편이 보
다 경제적이다. 항공사에 근무하는 분도 비행기 요금 산정에 대
해서는 잘 모른다고 한다.

밀고 당기는 복잡한 과정을 거친 많은 우여곡절 끝에 공연계
약도 체결하고 연주 프로그램도 확정되어 드디어 공연이 성사되
었다. 그러나 최초의 국제 공연을 하게 되었다는 기쁨도 잠시였
다. 공연 홍보를 하려니까 헝가리 쪽에서 자제를 요청한 것이다.
출발하기 전에 북한대사관에서 항의를 받게 되면 곤란하며 우리
나라에서 공연을 못하는 일이 발생할 수도 있다는 것이다. 그렇
게 되면 최초의 동유럽 국가의 공연이 무산되는 것이다.

공연을 하는 데 홍보를 하지 않으면 관객 없이 공연을 해야
한다. 결국 첫 날 공연은 일천 석밖에 되지 않는 호암아트홀도
채우지 못하고 공연을 마쳤다. 이 일로 해서 나중에 감사원 감사
를 받게 되었을 때 이만한 공연물을 가지고 입장권 매진을 못한
것이 문제가 되어 결국 입장권의 잔표를 하나하나 확인하는 절
차를 거쳐야만 했다.

보통 공연 입장권의 관리과정은, 입장권 판매회사에 의뢰하여
티켓을 팔면 공연장에서는 유료 관객의 좌석별 입장자 수를 계
산하여 문예진흥원에 보내고 문예진흥원에서는 실제 주최 기관
이나 회사에 문예진흥기금을 납부하도록 통보한다. 입장권 판매

대행사는 수수료를 제외한 입장권 잔표와 판매금액을 주최 회사에 입금한다.

헝가리 부다페스트 방송관현악단이 입국하여 막상 공연을 하려고 하는데 설상가상으로 또 문제가 발생하였다. 헝가리의 작곡자 코다이와 바르톡의 작품은 사후 50년이 넘지 않았기 때문에 저작권료를 지불해야 한다는 것이다. 우리는 코다이와 바르톡의 곡은 헝가리 쪽에서 선택한 곡목이지 우리 측에서 요청한 레파토리가 아니라고 했지만 그쪽에서는 어떤 과정이었든 관계없이 이 곡을 연주하는 한 저작권료를 지불해야 한다는 것이었다. 우리는 저작권에 관한 내용이 계약서 어디에 있느냐고 따졌는데 계약서의 "KBS also sugest music instrument…"라는 문장 속에 이 저작권의 개념이 있다는 것이다. 본계약서는 처음에 독일어로 된 것을 영어로 옮긴 것으로 우리는 'music instrument'를 보면대라든지 의자, 지휘대, 기단 등 공연에 필요한 여러 가지 도구로 생각했었는데 이것이 함정이었던 것이다.

아침부터 오후 늦게까지 계속된 이광주 차장의 끈질긴 설득과 협상에도 불구하고 그들은 저작권료를 지불하지 않으면 무대에 오르지 않겠다고 버텨 결국 우리는 굴복(?)하고 말았다.

사실 그때는 우리나라가 세계지적소유권협회에 가입하지도 않은 상태라 저작권에 대한 명확한 개념이 없었던 시절이었다. 매니저가 저작권료를 내놓으라고 할지는 꿈에도 생각하지 못했던 것이다.

여러분은 'music instrument'를 언제나 조심해야 한다. 저작권 문제가 있기 때문이다. 부다페스트 방송관현악단 공연은 비단 저작권에 관한 문제뿐만 아니라, 체계적으로 가르쳐 주는 사람도 없이 국제관례도, 국제계약의 상식도 부족한 상태에서 동서남북 구분 못한 채 이리저리 헤매면서 배운 첫 국제공연이었다.

우리는 서울 공연에 이어 전주, 대구, 부산의 지방 순회연주회를 가졌다. 그들과 함께 연주여행을 하면서 나는 헝가리 사람들이 서양 사람들 가운데서 가장 우리 정서와 잘 어울리는 사람들이 아닌가 하는 생각을 가졌다. 옷에 묻은 티를 서로 털어주는 모습은 개인주의가 발달한 서양 사람들의 행동양식에서는 한 번도 본 일이 없었다. 무리한 일정으로 연주여행 중 힘들면 서로 위로하는 모습은 매우 인간적이라는 인상을 주었다. 어쩌면 헝가리어가 우리와 같은 우랄알타이계의 언어라서 더욱 친근감이 들었는지도 모른다. 함께 연주여행을 하는 내내 그들을 보며 동양사람을 서양에 가져다 놓고 얼굴만 서양화된 게 아닐까 하는 느낌을 가졌었다.

경험 없었던 나에게 음악공연의 '입뽕'으로 시작한 <헝가리 부다페스트 방송관현악단 초청 공연>은 후에 공연에 대해서 스스로 많은 공부를 하도록 만들었다. 과정은 복잡했지만 개인적으로 따뜻한 감동을 선물받은 공연이었기에 이 일에 매력을 느끼고 지금도 이벤트에서 헤어나지 못하고 있는지도 모른다.

한국 음식과 한국식 음식

캐나다 공연 때 일이다.

밴쿠버 한인회 회장 지석도 씨와 차 한 잔을 마시고 호텔 로비를 지나 엘리베이터 쪽으로 가고 있었다. 중간쯤에서 무용하시는 김중자 선생과 딱 마주쳤다.

"아, 이 차장님 잘 만났습니다."

"아니, 김 선생님 무슨 일이 있습니까?"

나는 웃으며 물었다.

"우리 애들이 점심식사를 못했습니다."

"아니, 왜요? 호텔에서 준비를 못했습니까?"

"음식 모양은 잘 차렸는데 맛을 보니 도저히 먹을 수가 없어요."

"그래요?!!"

나는 김 선생에게 단원들이 다른 음식으로 요기를 할 수 있도록 해달라고 하고 지 회장과 함께 호텔 매니저 방으로 향했다.

경험에 의하면 무용단들은 대개 음식을 가리지 않는 편이다. 젊기도 하지만 움직임이 많기 때문이기도 하다. 그래서 공연단원들 중에서 특히 무용단이 음식을 남긴다거나 먹지 않으면 반드시라고 해도 좋을 만큼 문제가 있다.

지 회장과 함께 호텔 매니저의 방으로 갔더니 비서가 약속이 되었느냐고 물었다. 나는 약속은 안했다 그러나 계약위반을 협의해야 하는 긴급사항이라고 말하고 사무실로 막무가내 밀고 들어갔다. 몇 번의 해외공연 경험으로 나는 언제나 서류가방 속에 대관, 출연 등의 계약서를 가지고 다닌다. 호텔 매니저를 보자마자 계약위반이라고 노려보며 일갈했다. 처음에는 호텔 매니저가 어리둥절하다가 나와 지 회장의 표정을 보더니 사태의 심각성을 느꼈는지 당황한 표정이 역력했다.

"나는 어제 당신과 음식에 관해 계약했습니다. 기억합니까?"

"예. 기억합니다."

"제가 어제 당신에게 한국 음식을 할 수 있는지를 물었습니다. 당신은 할 수 있다고 대답했습니다. 맞습니까?"

"우리는 어제 우리 호텔의 일류 요리사 세 명을 한국식당에 보내서 한국 음식을 만들었습니다. 무엇이 문제입니까?"

"모양은 한국 음식인데 맛이 전혀 아닙니다. 무용하시는 분들은 활동량이 많기 때문에 웬만하면 음식을 가리지 않습니다. 그런데 누구도 음식을 먹지 못했습니다. 당신이 제공한 음식은 식당에 그대로 있습니다. 가서 보십시요."

"우리는 최선을 다했습니다."

"음식을 먹는데 최선을 다했다는 말은 중요하지 않습니다. 문제는 그 음식을 먹을 사람이 잘 먹을 수 있도록 음식을 만들었느냐가 중요합니다. 당신은 한국 음식에 대해서 알고 있습니까? 당신이 제공한 음식이 근본적으로 한국 음식이 아니기 때문에 사람들이 음식을 먹지 않은 것입니다. 그래서 손해배상을 청구하러 왔습니다. 당신은 한국 음식(Korean food)을 한 것이 아니고 한국 스타일 음식(Korean style food)을 만들었습니다."

나는 호텔 매니저에게 계약서를 내보이며 이 계약서 어디에도 'Korean style food'는 없다고 강조했다. 따라서 계약을 위반했기 때문에 국제 관례대로 위약금을 지불해야 한다, 그렇지 않으면 당신과 이 호텔을 국제재판소에 고발하겠다고 위협(?)했다. 매니저는 기가 질린 모양이었다. 나는 세계 여러 나라로 연주여행 코디네이터를 하는데 당신네 같은 일류 호텔에서 이렇게 거짓말하는 것은 처음 보았다면서 다그쳤다. 그제서야 매니저는 잘못했으니 어떻게 하면 되느냐고 물었다.

나는, 공연하는 날은 식사를 잘해야 한다, 좋은 신체 상태를 유지할 수 있어야 좋은 연기를 보여줄 수 있다, 내가 한국인 식당에 가면 이곳에서 계약한 70% 정도의 가격으로 식사를 할 수 있음에도 당신과 계약을 한 또 다른 이유는 무대연습과 분장 그리고 휴식 시간을 벌기 위해서였다, 단원들이 식사를 잘못하면 공연에 결코 도움이 되지 않는다, 공연단이 잘 먹을 수 있는 음식을 만들어 주는 것이 중요하다고 말했다.

또 한국 음식으로 대표되는 중요한 세 가지가 있는데 그것은 밥, 국, 김치이다. 그런데 당신네들이 제공한 한국음식에는 김치도 없었다. 저녁 때 우리가 먹을 수 있도록 제대로 음식을 만들어 주면 고발 취소를 고려할 수도 있다. 그렇지 않으면 저녁을 한국식당으로 갈 것이니까 변상조치와 함께 차량을 제공해 달라고 요구했다. 그때는 나의 영어 실력이 좋은지 내가 말을 제대로 한 건지 이런 것이 중요하지 않았다. 오로지 내 생각을 전달하여 공연 단원들에게 맛있는 저녁을 먹이는 것이 나의 의무라고 생각했다.

드디어 매니저는 호텔의 규정상 외부에서 음식을 반입하지 못하도록 되어 있지만 김치를 한국식당에서 구해 오겠다고 하였다. 지 회장은 특별히 호텔 요리사를 불러 밥 짓는 법을 자세히 설명해 주었다. 지성이면 감천이라고 했다. 내가 먹어 보니 우리 입맛에 잘 맞는 음식은 아니었지만 지석도 회장 덕분에 그래도 저녁밥으로 먹을 정도는 되었다.

그렇게 해서 우리 공연단은 그날 저녁도 잘 먹고 공연도 환상적으로 하였다. 그러나 지나고 생각해보니 차라리 그 호텔에서 가장 잘하는 음식을 주문할 것을 잘못했다는 생각이 들었다. 그들이 맛보거나 본 적조차도 없을지 모르는 음식을 만들어 달라고 한 것은 분명 판단착오였다. 세계 각국으로 돌아다니다 보면 조리 과정이 다르거나, 특별한 향신료를 사용하여 도저히 먹을 수 없는 음식이 있다. 그런 것들을 확인하고 가능한 한 현지의 음식을 주문하는 것이 좋다.

나중에 지석도 회장이 이곳의 사정도 잘 모르면서 어떻게 매니저를 만나서 항의할 생각을 하였느냐고 물었다. 음식 계약할 때도 사전약속 없이 하였는데 이는 불만이 생겨 따질 때도 마찬가지 아니냐고 나의 생각을 말했다.

세상을 돌아다니다 보면 별의별 일이 많다. 어려움이 닥치고 일이 잘 풀리지 않을 때 사회적인 구조에 관계없이 그 일에 대해서 얼마나 애정을 가지고, 얼마나 열심히 하느냐가 문제이다. 무슨 일이 생기든지 항상 해답은 있다고 믿는 것이 중요하다.

길은 어디에도 있다.

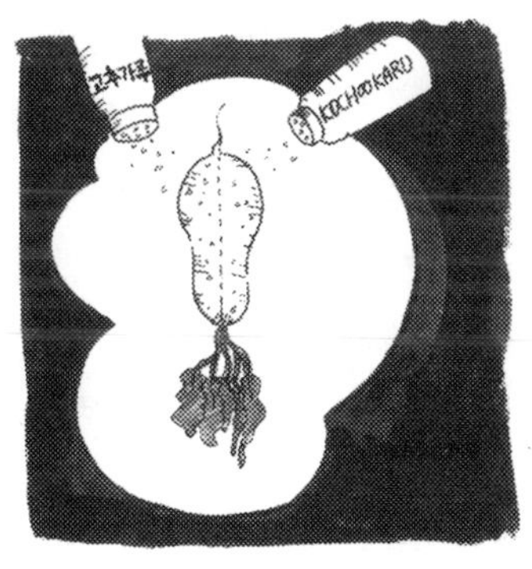

비와 청소년 민속캠프

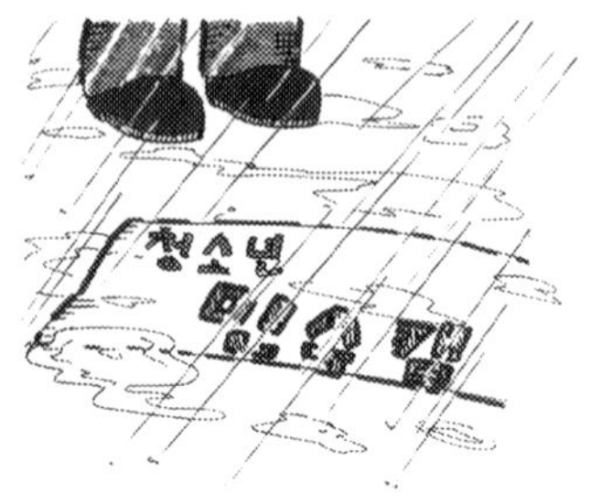

실패에 대한 회상은 즐겁지 않다.

인정하기 싫지만 결국 동의해야만 하는 실패는 더욱 즐겁지 않다. 열심히 노력하였음에도 불구하고 실패했음을 자인해야 하는 일에 대한 회상은 더더욱 즐겁지 않다.

자연을 통해 협동심을 배우고 호연지기를 기르는 행사로 캠프보다 좋은 행사도 드물 것이다. 이 행사는 일반 사회단체에서 방학을 이용하여 각자 독특한 기획으로 치르려고 노력하지만, 개성 없이 거의 비슷한 내용으로 치러지는 청소년 캠프도 많이 있다. 다른 사회단체에서 잘하는 데 굳이 KBS까지 나서서 캠프 행사를 해야 하는지는 생각해 볼 일이었지만 우리 얼굴을 가진 캠프가 필요하다고 생각되어 우리는 민속캠프를 기획했다. 이는 ‘우리 얼굴 갖기 공동체생활’이라 할 수 있을 것이다.

우리 청소년들이 무분별하게 외래문화를 수용하고 서구화되어 가는 것이 안타까웠다. 외래문화가 우리 문화보다 아무리 좋더라도 우리의 얼굴 없이 우리가 서야 할 자리와 치환해서는 안된다. 물론 언제까지 외래문화는 안되고 우리 것만 가르쳐야 한다고 생각하는 것은 아니다. 우리가 원하는 것은 최소한 자기 자신의 얼굴은 분명히 가지고 있으면서 외래의 좋은 문화를 받아들

"

였으면 하는 것이다. 그것이 우리가 민속캠프를 기획한 이유였다. 물론 민속캠프 한 번 기획하였다고 해서 우리 문화가 가르쳐지고 전수되리라는 생각은 안한다. 우리의 기획을 통해서 다른 캠프 기획단체가 우리 생각을 읽고 다음에 우리의 의도를 반영한다면 우리가 할 일을 다하는 것이라고 생각했다.

1988년 올림픽을 치르고 나서 우리들 뇌리에 남아 있는 깊고 인상적인 회상은 '가장 한국적인 것은 가장 세계적이라는 것'이다. 가장 우리적인 표정과 몸짓이 세계로부터 경이의 눈빛과 찬사를 받았다는 것을 우리는 분명 기억하고 있다. 누구도 우리 청소년이 서구화된 국적불명의 청소년이 되기를 원치 않을 것이다. 우리가 그랬듯 한국의 청소년으로 자라 한국인이 되기를 희망할 것이다.

꿈과는 관계없이 시종일관 어려움만으로 점철되었던 이 행사는 나에게 많은 생각을 하게 만들었다. 캠프 모집 당시는 인신매매, 납치, 폭력 등 세상이 너무 어수선하여, 학부모의 우려로 인한 참가신청 무반응이 우리를 괴롭게 만들었다.

또 행사 직전에 장마가 끝난다는 기상대의 장기예보를 믿고 행사일정을 결정하였는데 가는 날부터 내리기 시작한 비는 끝없이 끝없이 내렸다. 지금도 비만 오면 그때 일부터 생각난다. 밤새도록 쉬지 않고 쏟아지는 비를 바라보며 자연의 현상에 관한 인간의 대책이 얼마나 부질없는지를 깨달았다. 속수무책이었다.

비는 계속 쏟아지고 차오르는 습기 때문에 새벽녘의 한기는 참가자들의 건강마저 위협하는 수준이었다. 비와 동반한 태풍은 결국 우리를 무릎 꿇게 하여 참가자들을 비상대피시키고 조기 귀가 결론에 도달하지 않을 수 없게 하였다. 아무리 행사가 중요하다 하여도 사람의 목숨을 담보로 할 수는 없는 것이다.

애써 좋은 프로그램을 기획하였다고 생각했는데 참가자들이 충분히 즐기지 못하고, 더구나 민속캠프라는 것 때문에 교포 학생까지 참가하였었는데 그들에게 아무 것도 돌려주지 못하고 캠프를 끝내야 했던 참담했던 심정은 지금 생각해도 가슴 아프다.

강원도 명주군 소금강 캠프장은 계곡의 한가운데 위치하였기 때문에 수마가 덮칠 수 있어 참가자들을 돌려 보내고 잔류 인원과 함께 안전지대로 대피했다. 그리고 밤을 꼬박 새웠다. 실패했다는 생각과 비참함 때문에 아무도 말이 없었다.

실패한다는 것은 어찌 되었든 유쾌한 일이 못 된다. 잔류자들이 귀환할 때도 함께 서울로 돌아오지 못하고 강릉 방송국의 김종성 부장과 장승깎기 프로그램에서 손가락을 다친 참가자를 입원시키는 등 뒷처리로 결국 홀로 귀환하게 되었다.

서울로 돌아오는 고속버스에 젖은 솜처럼 지쳐 늘어진 몸을 홀로 기댄 채 명멸하는 불빛들 속에서 차창에 부딪치는 빗방울을 바라보며 서머셋 모옴의 『레인』(Rain)의 한 구절을 퍼득 떠올렸다.

"비는 사람들의 정신까지도 마비시킨다…"

비 때문에 새로운 추억을 만들었다 할지라도, 비는 우리가 기획한 모든 일들을 삼켜버렸다. 그리고는 아픈 나의 가슴을 다시 깨끗하게 씻어내고 있었다. 실패했지만 과정은 결과보다 중요하다고 생각한다. 어떤 상황에서도 최선을 다해 다른 사람들에게 감동과 추억을 주었다면 그것이 진정한 아름다움이라고 스스로를 위로해 본다.

셰익스피어극단의 보고다노프 불러 들이기

19 92년 초의 일로 기억된다.

영국에는 셰익스피어 연극을 하는 여러 단체가 있지만 그 중에서도 로얄 셰익스피어 컴퍼니(Royal Shakespeare Company)와 영국 셰익스피어 컴퍼니(English Shakespeare Company) 두 단체가 인정을 받고 있다. 로얄 셰익스피어 컴퍼니는 자국용이고, 영국 셰익스피어 컴퍼니는 해외 공연을 위해 만들었다고 한다.

우리 회사는 방송사여서 비교적 공연을 선호하는 편이다. 그 중에서도 연극보다는 보다 방송적인 음악공연을 선호한다. 어느 날 정관영 부장이 셰익스피어 연극을 원어로 해보면 어떻겠냐는 제안을 해왔다. 사실 나도 공연 이벤트 중에서 연극공연은 별로 해본 적이 없었다. 더구나 원어로 셰익스피어를 공연한다는 것은 모험이 아닐 수 없었다. 정통 연극보다는 현대극에 많이 길들여져 있는 우리의 관객들 입맛에 맞을 것인지는 판단이 흐려질 수밖에 없었다.

셰익스피어를 원어로 관람한다! 그것은 그리 나쁜 일이 아니다. 많은 영문과 학생들이 셰익스피어를 배우지만 제대로 된, 또 셰익스피어 연극 연출자로서는 세계적으로 이름을 떨치고 있는 보고다노프가 연출한 정통 셰익스피어 연극을 한국에서 즐길 수 있다는 것은 쉬운 일이 아니다. 그것은 그야말로 그 자체가 하나의 이벤트였다.

이 연극을 유치하기 위한 결정 당시에 우리 내부에서도 말이 많았다. 반대도 많았으며 찬성도 많았다. 소설가인 서기원 사장이 이 공연에 큰 관심을 보이고 후원해 주었다. 그러나 현실은 현실이다. 예산이 따로 배정되어 있는 형편도 아니었기 때문에 행사비를 위해서 수지를 맞추어야 한다는 부담을 가지고 있었다.

우선은 출연조건에 대해서 검토하였다. 출연료, 일당 등의 기타 부대조건에서 재협상할 여지가 있는지를 확인하였으나 별다른 협상의 여지가 없었다. 수지를 맞추기 위해서는 기업의 협찬을 구하든지 입장권 수입을 확보하는 길밖에는 없었다. 초청공연은 이러한 공연조건을 잘 협상하여여 한다. 옵션(option)이라고 하는 여러 가지의 이면계약을 잘 확인해야 하고 이러한 이면계약의 함정을 잘 생각해두지 않으면 많은 손해를 보기 십상이다.

KBS는 창립기념으로 셰익스피어 연극연출의 대가라고 하는 '보고다노프'의 <맥베스>와 <십이야>를 공연하기로 계약체결을 하였다. 공연의 준비과정에서 우리는 영국측의 잦은 변덕으로 애를 먹었다. 세트의 변경, 영국문화원과의 업무협조시 문화적 차이에서 오는 여러 가지 갈등 등으로 편한 날이 거의 없었다.

공연을 영어로 진행하기 때문에 우리나라 사람들이 영어를 잘 이해하지 못하면 어쩌나 하고 무대 양쪽에 내용 번역의 한글 슬라이드 프로젝트를 비추기로 했는데 글자 수의 제한 등으로 번역에도 곤혹을 치렀다.

공연이 임박하여 오는 가운데 영국문화원으로부터 이 공연의 연출자인 보고다노프가 한국에 오지 않는다는 통보를 받았다. 우리는 보고다노프가 연출한 셰익스피어 연극을 초청하였기 때문에 그가 오지 않으면 안된다고 하였다. 영국측에서는 이 연극을 보고다노프가 연출하여 연습·제작하였다고 말했다. 그러나 우리측에서는 계약위반이라고 크레임을 걸었다. 그리고 연극에서 연출자가 차지하는 비중이 3분의 1이 넘기 때문에 그가 오지 않는다면 우리는 출연료를 삭감하겠다고 했다.

영국측에서는 보고다노프가 연극 연출과 연습을 끝내고 다음 작품을 위해 아프리카를 여행중이라고 하였다. 유니온(노동조합)과 계약에 관해서 영국은 까다롭기로 유명하다. 나는 계약서를 상기시켰다. "계약서에서 공연단은 연출자와 스태프, 단원 몇 명으로 되었는데 이번 공연에 오는 인원은 같다. 그런데 연출자는 어디에 있는가?"라고 반문하였다.

우리의 해석은 연출자가 이번 공연단에 빠지고 스태프 한 사람이 추가된 것으로 보기 때문에 명백히 계약을 위반한 것이며 연출료에 해당하는 30% 정도의 출연료를 삭감하겠다고 통보하였다. 나는 계약서에 표기된 공연단의 구성에 대해서 재차 상기시켰다.

영국에서는 보고다노프가 연출을 하였는지 모르지만 그가 우리나라에 오지 않는다면 연출에 대해 우리는 의심을 가질 수밖에 없으며 그가 연출한 작품이 아니고 감수한 것이라면 출연료를 전부 지불할 필요가 없다고 하였다. 영국측에서는 그가 지금 아프리카에 여행중이기 때문에 연락이 되지 않아 곤란하다는 의사를 표시하였지만 나는 그 일은 ESC의 사정이 아니냐고 반문했다. 어찌 되었든 그가 공연 시작 전에 한국에 나타나지 않는다면 우리는 스태프 한 사람의 비용과 출연료를 삭감하지 않을 수 없다고 했다.

스포츠형의 짧은 머리가 인상적인 보고다노프는 공연 전에 한국에 나타났다. 여태껏 우리는 유럽 국가와의 공연계약시 항상 불리한 입장에서 당하기만 하였다. 그러나 이번엔 계약옵션을 오히려 우리쪽에서 잘 활용하여 결국 그를 한국에 오도록 하는

데 성공했다.

지금은 이엑스에 근무하고 있는 김정희 씨가 당시에 같이 근무를 했었는데 공연 진행중에 나에게 와서 ESC쪽에서 세트에 관심을 보인다는 귀뜸을 하였다. ESC는 우리측에서 제작한 연극의 세트를 줄 수 없는지를 타진하여 왔고, 세트를 제작한 KBS아트비전 쪽에서는 세트 제작시 ESC측에서 많은 수정을 요구하여 추가비용이 기본예산을 초과하였음으로 이를 판매하여 초과제작비를 보전하기를 희망하였다. 우리는 ESC측에 그 세트는 우리의 자회사에서 제작하였기 때문에 무상제공은 어렵고 그쪽에서 사겠다면 제작비 원가에 해당하는 싼 비용으로 살 수 있도록 중계해줄 수 있다고 했다.

지금은 화인예술기획의 대표인 정훈상 사장이 당시 우리 회사에 근무를 했었는데 정 사장은 영어를 잘하는 것은 물론 과거에 중동에서 영국인을 상대로 계약 업무를 해본 경험이 있기 때문에 그에게 중계를 의뢰했다. 김정희 씨와 정훈상 선배가 노력한 결과 결국 ESC에서는 우리의 세트를 사기로 결정하였다.

영국측에서는 도착지 현금 지불방식을 제시하였으나 제작된 세트가 도중에 손상될 경우에 보수요원이 영국에 출장가는 일이 발생하면 결국 세트 판매금을 포기해야 하는 일이 생기게 된다. 우리측에서는 양측의 담당자가 입회하여 포장하는 것으로 책임을 종료하는, 현장 인도방식으로 정리하였다.

이벤트의 기획자는 계약과 대금의 지불방식에 항상 주의를 하지 않으면 낭패를 당할 수 있다는 사실을 명심해야 한다.

바둑 이야기

바둑으로 축제 형식의 생방송이 가능할까?

바둑은 조용히 신선처럼 두는 것이라는 고정적인 사고방식에서, 시끌벅적한 저잣거리처럼 떠들썩하고 산만한 가운데 바둑을 일제히 정해진 시간에 맞추어 둔다는 발상은 지금 생각해 보면 콜럼버스의 달걀 세우기와 같은 것이었다. 대규모의 인원을 가지고 끝나는 시간에 대한 기약도 없는 바둑을 생방송 축제로 꾸민다는 것은 처음부터 모험이 될 수 있다.

월급쟁이에게 행사란 잘되면 본전이지만 잘못되면 무한책임을 져야 하는 위험을 가지고 있다. 그냥 가만히 있으면 2등이라도 하여 목숨을 부지하는 데는 지장이 없다. 복지부동이 그렇게 해서 생기는 것이 아닌가.

처음으로 'KBS 바둑큰잔치'를 기획하여 실시한 사람들에게 존경과 경외를 보낸다. 아무도 바둑을 축제 형태의 생방송으로 진행할 수 있다고 생각하지 못했을 때 용기 있게 시작한 그들은 진정 존경받을 만한 자격이 있다.

제1회 KBS 바둑큰잔치는 잠실 실내체육관에서 실시되었다. 내가 바둑큰잔치를 맡아서 기획·진행한 것이 두번째 대회부터였는데 연례행사로서는 가장 오래 기획한 행사여서 많은 애정을 갖고 있다.

넓은 실내 체육관에 많은 사람들을 모아 놓고 한꺼번에 바둑을 즐긴다는 것은 참여하는 사람들에게는 분명히 축제이다. 1천 5백여 명이 반상에 동시로 흑돌을 두드리는 소리는, 들어본 사람들은 잘 알고 있겠지만, 일 년치 스트레스 정도는 충분히 날릴 수 있을 만큼의 효과를 가지고 있다.

KBS 바둑큰잔치는 바둑을 냉정한 승부의 세계에서 승패를 떠나 즐기는 행사로 소화하여 바둑을 좋아하는 많은 사람들이 기다리는 축제가 되었다. 공식적인 바둑대회에 한 번도 출전하지 못하는 이들에게 이 행사는 바둑을 두는 동안 내내 자랑거리가 되고, 부모와 함께 새벽잠 설쳐가며, 결국 1~2회전에서 탈락하고 말지라도, 올해는 내가 몇 회전까지 진출하는지가 관심인, 참여 자체가 흥분되고 즐거운 축제가 되었다.

어린이부부터 참가했던 이들이 나이가 들어 가면서 중고등부, 대학부, 일반부, 장년부, 노년부에 이르기까지 매년 이 행사에 참가하는 것이 살아가는 과정이 되고 추억이 되는 것이다. 그렇게 아버지와 아들, 할아버지와 손자가 참가해서 함께 즐기는 축제였다.

처음 이 행사장을 함께 뛰었던 한국기원 정상태 사무국장은 다른 회사로 가고 실무자였던 강선범 씨, 박용환 씨는 이제 흰머리카락이 언뜻언뜻 보이는 중년으로 부장, 과장이 되었으니 세월의 두께를 느낄 수 있을 만큼 되었다.

역사와 전통은 하루 아침에 만들어지지 않는다.

몇 대를 두고 참가하는 기쁜 축제가 있어 일 년을 또 기다릴 수 있다면 그 기다림은 지루하지 않아 좋다. 우리의 축제는 사라졌지만 여러 곳에서 대규모 어린이 바둑축제가 개최되고 있어 그나마 다행스럽게 생각한다.

우리나라의 바둑이 일본에 비하여 전통이나 사회적인 뒷받침, 규모 등 모든 면에서 많이 뒤지고 있을 때 우리나라의 걸출한 바둑 인재 조치훈이 일본으로 유학가 일본의 최고 타이틀이라고 하는 명인전과 본인방 십단위 타이틀까지 한꺼번에 차지하였으니 나라 전체가 떠들썩하지 않을 수가 없었다. KBS 바둑큰잔치도 이로 인해 기획되었고, 그래서 처음에는 숨은 어린이 바둑천재들을 발굴하자는 의미에서 어린이 부문은 '조치훈 어린이 바둑왕전'이라는 타이틀로 하였다.

또 바둑을 중계방송하는 입장에서 시청자들을 우리 채널에 묶어 두기 위해 기본대국 외에도 다면기, 연기대국, 탐험대국, 신예대국, 묘수풀이, 명사대국, 다음 수 알아맞히기, 바둑 코미디, 컴퓨터와 대국, 역대 우승자 대국 등 여러 가지 이벤트를 마련하였다.

초창기 KBS 바둑대회에서 신예대국을 벌였던 유창혁과 이창호 프로기사는 이제 세계적인 기사가 되었고, 참가자들을 위해서 실시한 프로기사와의 다면기 대국은 이제는 일반인들에 대한 프로기사의 서비스 지도대국으로 자리잡았다. 자기편의 마음을 읽어야 좋은 바둑을 둘 수 있는 연기대국은 실착의 묘미로 많은 흥미거리를 제공했으며 이러한 기획들은 이제 일반화되었다.

바둑인구 확산을 위해서는 명사 바둑코너가 효과 만점이다. 바둑 애호가들은 대중에게 친숙한 사람이나 사회적으로 표상이 되는 명사들이 바둑 두는 모습에 매력을 느낀다. 법조인, 경제인, 연예인, 정치인들 중 가능한 일반인들에게 잘 알려진 분들을 섭외해서 명사 바둑코너를 만든다. 바둑팬을 위해서, 바둑인구의 확산을 위해서, 대국을 할 수 있는지를 물어 섭외하는데 정작 행사장에 와서는 지위에 합당한 의전을 요구해 행사 진행자를 곤혹스럽게 할 수 있기 때문에 세심한 주의를 기울여야 할 것이다.

어느 해인가, 명사 바둑에 초청된 국회의원들이 의전 때문에 기분이 상했는지 준비한 기념품도 두고 그냥 가버린 적이 있었다. 할 수 없이 내가 별도로 이를 전달하기 위해 직접 의원회관에 갔는데 마침 바둑대회에 참가했던 의원들이 한 자리에 모여 이야기를 나누고 있었다. 내가 바둑큰잔치의 기념품을 전해 드리러 왔다고 했더니 다짜고짜로 그 바둑행사 의전이 형편없었다고 고함을 치기 시작하는 것이었다. '그래도 우리 바둑행사를 위해 오셨던 손님이니까…' 하며 참고 들으려니까 앉으라는 말도 없이 몇 분 동안을 호통만 치기에 슬그머니 부아가 치밀기 시작했다.

그러다가 결국 나도 참지 못하고 맞고함을 질렀다. 바둑을 두러 온 것이지 의전행사에 참석하러 온 것도 아닌데 바둑을 잘 두실 수 있도록 했으면 됐지 어린이부터 노인에 이르기까지 참가하는 바둑축제에 주인행세하러 오셨느냐고 소리를 질렀다. 이왕 내친 김에, 당연히 가져 가셔야 할 기념품을 의원님이나 보좌관 대신 챙겨왔으면 나도 의원회관에 온 엄연한 손님인데 이럴 수가 있는가 하며 기분 나쁘다고 하였다.

국회의원들이 나 같은 무명과 다투어서 득될 일이 무엇이 있겠는가. 의원들을 그대로 흉내내어 상대방 이야기는 조금도 듣지 않고 내가 하고 싶은 말만 하고 같이 고함지르고 하였더니 어이가 없는지 아니면 조금은 미안하다는 생각이 들었는지 그제서야 의자에 앉을 것을 권하였다.

나는 자리에 앉아서, 주최하는 입장에서는 행사에 초청한 손님들이니까 모두 중요한 분들이며 소홀하지 않으려고 한다, 하지만 참가자만 하여도 2천 명이 넘는 행사이며, 이 분들 한 분 한 분을 다 손님과 같이 맞이해서 행사를 진행하는데 만약에 착오가 생기면 행사 전체가 즉시에 문제가 일어날 수 있다, 국회의원이라는 신분 때문에 명사바둑에 초청이 되셨지만 이날만큼은 취미활동하러 오신 것이니까 바둑을 잘 두셨으면 그것으로 이해를 해달라고 이야기했다. 국회의원이 고함지르기의 명수인지 어떤지는 몰라도 어찌되었든 나의 무모한 맞고함 때문에 해프닝은 그것으로 끝날 수는 있었다.

1997년 있었던 일이다. 바둑을 두는 것은 아마추어에게는 취미활동이나, 프로기사들에게는 경쟁적인 관계 속에서 펼치는 고독한 승부의 세계이다. 우리는 승부의 바둑을 피해 다 같이 어울려 즐길 수 있는 축제 같은 바둑대회를 개최하기로 하고 바둑의 세계대회나 마찬가지인 한국, 중국, 일본의 아시아 3국 어린이 바둑잔치를 기획하였다.

기획의 의도를 살리려고 하다보니 각 나라의 담당자들과 협의하는 과정에서 우리는 본의 아니게 행사의 내용을 자주 변경하였다. 그런데 어느 날 일본 NHK PD인 구리하라 씨가 나를 보고 바둑을 놓을 줄 아는지를 물었다. 바둑행사를 안다는 기획자가 그렇게 행사 내용을 자주 변경하느냐 하는 의미, 즉 고단수로 비난을 한 것이다.

위성방송국의 정석규 PD가 보기에 딱했는지 구리하라 씨에게 저 사람은 아시아 3국 바둑선수권 대회의 한국 최초 개최 때 기획한 장본인이고 KBS 바둑축제를 아홉 번이나 기획한 바둑 이벤트의 베테랑이라고 설명해주었으나 별로 탐탁한 눈빛이 아니었다. 이럴 때는 변명이 필요없다. 좋은 아이디어로 행사를 깔끔하게 성공하는 것이 비난에 대한 응수가 된다. '성공하는 것이 복수다'라는 말이 있지 않은가.

참가한 3국의 어린이 기사들이 연합하여 이세돌 프로기사와 공개 컴퓨터 대국을 하고, 참가한 남자 어린이 전체와 여자 어린이 전체의 성(性)대국, 국가혼합 친선대국 등으로 진행하겠다고 우리의 기획안을 구리하라 씨에게 설명하자 그 내용이 마음에 드는지 그는 현장에서 방송할 수 있도록 스튜디오가 아닌 행사장에 공간을 달라고 했다. 동일한 행사장에서 이중 방송진행을 하는 것은 실제로 불가하며 비상식적이라고 점잖게 거절했다. 승패를 떠난 친선대회였기 때문에 일반적으로 생각하는 바둑대회의 대국방식을 버리고 컴퓨터도 동원해서 일종의 '바둑쇼'로 기획하여 진행했다. 우리의 기획 내용에 일본팀도 중국팀도 모두 만족해했다.

대회가 끝나기 전 날, 그 동안의 노고에 대한 감사의 뜻으로 NHK팀에서 우리를 마포의 작은 식당으로 초대하여 같이 회식을 하게 되었다. 구리하라 씨는 조금 미안한 마음이 있었는지 일부러 내 자리로 와서 좋은 바둑행사를 기획했다는 말과 함께 90도로 머리를 숙이면서 감사하다고 하였다.

여러분이 이벤트를 기획하다가 타인으로부터 비난을 받거나 잘못했다는 힐책을 받으면 그 행사를 성공시켜라. 그것이 비난이나 지탄에 대한 가장 훌륭한 대답이 된다. 살다보면 기분 나쁜 일이야 한두 번이 아니다. 그러려니 하고 살지만 그래도 기분이 나쁘면 여러분이 하고 있는 일을 반드시 성공시켜라. 그러면 상쾌해진다.

맨처음 KBS 바둑큰잔치를 기획했을 때 참가자들이 사용할 바둑판을 구하는 일이 쉽지 않았다고 한다. 한 번 사용한 바둑판은 중고품이 되기 때문에 영세한 바둑판 제작업체로서는 바둑대회 한 번을 위하여 그 많은 바둑판을 제공한다는 것이 쉬운 일이 아니었던 것이다. 그 누구도 행사용 바둑판을 내놓겠다는 엄두를 못 내고 있을 때 '한일바둑상사'의 문인환 사장이, 아무리 손해를 보는 일이 있더라도 이 일을 하겠다고 선뜻 나서 주었다. 그런데 모험적으로 대회에 참가했던 한일바둑상사가 당시에는 손해를 보았지만 회사가 유명해지는 덕분에 장기적으로 오히려 이익을 냈다는 소문이 나자 두번째 행사부터는 여러 바둑판 제작업체가 KBS바둑큰잔치에 협력하겠다고 벌떼처럼 달려들었다. 처음에는 아무도 위험을 무릅쓰고 해보겠다고 나서지 않다가 조금 이익이 될 만하다고 달려드는 것이 얄밉기도 하지만 이것이 우리의 기업 풍토이다. 그 후에도 문인환 사장은 한일바둑상사를 오로지 바둑판 전문제작회사로 키워 세태에 관계없이 외길 기업으로 성공하셨다. 요새 표현으로 한다면 업종전문화를 한것이다.

바둑판 이야기가 나왔으니 한국기원 이사장실에는 보물처럼 간직하고 있는 바둑판이 하나 있다. 좋은 바둑판은 아니지만 구한말 1884년 박영효, 서광범과 함께 갑신정변을 일으켰다가 실패, '3일천하' 끝에 일본으로 망명한 구한말 개혁정치가 고균 김옥균(金玉均, 1851~1894)의 바둑판이다.

일본 망명시절 일본바둑의 종가인 본인방(本因坊)과 특히 본인방 슈에이(秀榮)와 두터운 친교를 맺은 바둑 애호가인 김옥균은 1894년 중국 상하이에서 홍종우에게 암살되기 3일 전인 3월 25일에 일본을 떠나며 당시 절친했던 일본인 친구 미야케 고조 씨에게 이 바둑판을 증정했다.

김옥균의 마지막 유품이 된 바둑판이 여러 경로를 돌다가 1976년 다카다 겐사부로(高田元三郎) 씨가 재단법인 일본기원에 기증했다. 이후 한국기원은 김옥균 사후 101년만인 1995년 7월 11일 우리나라의 현대바둑 50주년을 맞아 바둑사적으로 가치가 큰 이 바둑판을 일본기원으로부터 기증받아 보관하고 있다. 1822년에 제작된 이 바둑판은 가로 40.8cm, 세로42.6cm, 두께 11.7cm, 연화각(連花脚)의 길이 11.7cm, 높이 23.4cm의 사방정목(四方柾目) 비자나무 바둑판이다.

오동나무로 만들어진 바둑판 뚜껑에는 김옥균의 친필로 바둑판의 입수경위와 증정 이유가 적혀 있다.

'이 바둑판은 내가 일찍이 촌목정(村木町)에 있는 바둑판 가게에서 구입하였다. 처음 보니 검은 얼굴과 비뚤어진 흠이 있어 그 가치가 깨진 기와 조각 같았다. 집에 돌아와 잘 깎아 내고 다듬으니 새 것처럼 달라져 극상품은 안돼도 중등의 최상품이 분명하다. 마침내 나의 벗 미야케에게 증정하니 서재에 두고 쓰면 길하고 좋으리라.'

김옥균 선생은 바둑판을 극상품, 중등의 최상품이라고 하며 바둑판의 품질에 대해 구분하고 있다. 그러면 좋은 바둑판은 어떤 것인가? 현대에서는 바둑판은 목공예품으로 발전되어 그 재료와 제작기법 등이 명품의 요건으로 중요시되고 있다. 문인환 한일바둑상사의 사장이 제작한 팜플렛에 좋은 바둑판에 관한 기록이 있는데 여기에는 "바둑판은 대국시 타미(打味)와 관련하여 색상과 탄력, 음향과 향기 등을 고루 갖추어야 하는데 가장 기본인 재료가 명품의 요건으로 중요하다고 말한다. 일본의 화한삼재도회(和漢三才圖會)라는 기록에 의하면 바둑판 재료로는 기목이(其木以) 비위량(批爲良) 회차지(檜次之) 계위하(桂爲下)라 하여 비자나무를 으뜸으로 하고 있다. 바둑판으로서 비자나무를 으뜸으로 꼽는 이유는 원목이 귀하고 건조가 일반나무와는 달리 고온에서는 건조되지 아니하고 저온에서 10년 정도의 장기간 기다려야 한다. 우리나라에서는 비자, 향백, 은행, 신비자, 아가지스, 피나무 등으로 만드는데 색상이 밝고, 감촉이 부드러우며 나이테가 조밀한 것이 좋다. 가능한 한 자연상태로 3년에서 10년간 오랜 건조로 변질이 없도록 처리된 것으로, 반상면의 규격이 가로 42cm, 세로 45cm 이상이어야 한다. 절단된 부위 즉 단면은 사방정목(四方柾目), 천지정목(天地柾目), 판목(版木), 심목(芯目)의 순으로 분류되며, 다리의 구성과 품격 등 조형미가 있는 것이어야 좋은 바둑판이라고 할 수 있다"고 기록되어 있다.

바둑 관련 이벤트를 기획하면서 겪었던 가장 가슴 아팠던 기억이 하나 있다. 바둑 이야기를 하면서 비행기 추락사건을 말하는 것은 슬픈 일이다.

"1983년 9월 1일 뉴욕에서 앵커리지를 경유해 서울로 비행중이던 대한항공의 007편 보잉 747점보 여객기가 사할린 부근 상공에서 소련 전투기의 미사일 공격을 받고 추락, 탑승자 269명 전원이 사망하는 참변이 발생했다. 피격 KAL기는 8월 31일 밤 급유지인 앵커리지 공항을 예정대로 출발 앵커리지-서울간 항로 중 로미오 20항로 비행하던 대한항공의 민간여객기를 소련의 수호이(SU)15기가 2시간 30여 분을 추적 비행하다가 사할린 모네론섬 부근에서 공대공 미사일로 공격하여 격추하였다.”

영문도 모르는 채 원자 폭탄을 싣고 히로시마에 투하한 미국인 조종사는 결국 알콜중독자가 되어 불행한 일생을 마쳤다고 한다. 공산주의 세계에서 이념은 상식마저 마비시키는가. 세계적으로 비행기 조종사라면 엘리트에 속한다. 아무리 군인이라도 무장도 없는 민간항공기를 미사일로 격추한다는 것은 도저히 납득할 수 없는 일이다. 유도 강제착륙이라는 방법도 있고 다른 선택이 있을 수도 있다. 지금 이 이야기를 새삼스럽게 들추어 내는 것은 내가 당사자여서가 아니고 나 역시 이 사건으로 곤혹을 치렀기 때문이다.

우리 회사에서는 해마다 KBS 바둑큰잔치를 등촌동에 있는 88체육관에서 실시하고 있었다. 그 해에도 마찬가지로 88체육관에서 바둑큰잔치를 준비를 하고 있는데, 이 일이 터져 88체육관의 보조 경기장에 ‘위령분향소’를 설치한 것이다. 한쪽에서는 슬픔에 잠겨 있는데 같이 아픔을 나누지는 못할 망정 바로 옆동네에서 북치고 장구치는 잔치라는 이름의 행사를 할 수는 없지 않은가. 몇천 명이 참여해야 하는 행사를 날짜는 바꿀 수 없고 장소라도 바꾸는 것이 좋겠다는 결정을 내렸다.

우리나라도 나름대로 예약문화가 조금씩 정착되고 있는 단계여서 장소를 시간적 여유를 두고 미리미리 구하지 않으면 준비가 힘들다. 예상대로 갑자기 장소를 구하는 일은 쉽지 않았다. 윗분들과 동료들의 필사적인 노력으로 겨우 63빌딩의 국제회의

장을 얻을 수 있었다. 그러나 대회 전날 밤 11시까지 행사가 있었기 때문에 행사장 세팅을 위해서는 우리는 결국 밤샘 작업을 할 수밖에 없었다. 온 밤을 새우고 다음날 행사 진행을 제대로 할 수 있을까 하는 걱정도 있었다. 그러나 그보다 더욱 염려되는 것은 참가자들이 제대로 연락을 받고 이쪽 행사장으로 올 것인가 하는 문제였다.

우리는 아르바이트를 고용하여 개별적으로 전원에게 연락하였다. 특별히 방송안내도 하고 출타중인 사람에게는 쪽지를 남겼다. 88체육관에 버스 2대와 직원을 배치하였지만 걱정이 되었다. 늦게 도착하여 행사에 차질이 생기면 곤란하다. 생방송으로 중계하는 행사는 시간에 맞추어 진행해야 한다. 생방송이 경험이 있는 사람은 다 아는 일이지만 이런 일이 벌어지면 '피가 마른다'는 표현이 적절할 것이다. 철저하게 준비해야만 겨우 실수를 면할 수 있다.

우리가 애쓴 보람이 있었던지 행사 당일 88체육관으로 온 사람은 단 두 명에 불과했다. 피곤이 젖은 솜처럼 우리를 짓눌렀지만 마음은 정말 상쾌했다. 자신이 기획한 이벤트의 참가자들이 기뻐하거나 감동을 느끼는 순간을 보는 것은 이벤트 기획자의 남모르는 기쁨이다. 더구나 완벽한 준비로 이벤트에 참가하는 사람들에게 잘 서비스했다면 더할 나위 없이 날렵한 상쾌함이다.

여러분이 만일 일반인이 참가하는 행사를 기획한다면 반드시 사람들의 연락처를 제대로 받아 두기 바란다. 이런 일이 생길지 누가 아는가? 훌륭한 이벤트 연출자가 되겠다고 생각한다면 만에 하나 있을 경우를 생각하고 준비해야 한다. 그것이 정교함이고 세련됨이고 노련함이다. 힘들고 고생하는 것쯤이야 얼마든지 할 수 있는 일이다.

바둑축제를 위해 날밤 새워 행사 준비를 하거나 여관에서 집단으로 잠시 눈 붙이고 새벽에 참가자들을 맞이했던 온 몸 고달

픈 어려운 일들은 세월이 지나고 고통이 빛 바래지면 추억으로
남는다.

　나는 KBS 바둑큰잔치가 아마추어 바둑인구의 확산에 기여함
으로써 프로 바둑의 기반이 든든해졌고 우리나라 바둑의 발전에
큰 기여를 하였다고 자부한다.

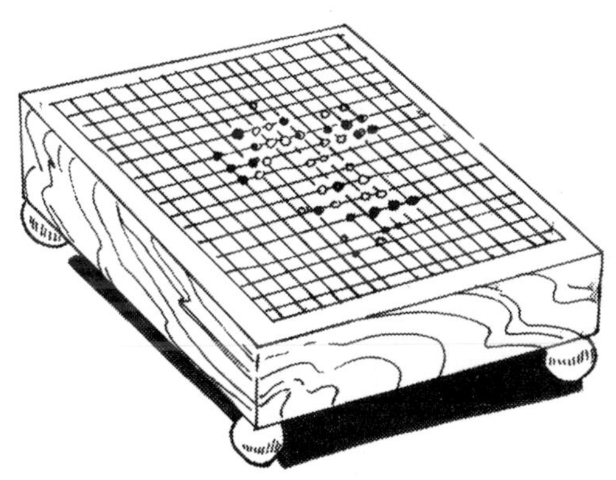

천사는 너, 악역은 나

88 서울올림픽을 홍보할 여성 민간 사절을 뽑기 위해 우리 회사에서는 '올림픽 홍보 우정의 사절 선발' 이벤트를 열었다. 난데없이 미인복이 터져 우정의 사절 선발의 행사 담당자 겸 합숙훈련의 사감보조(?)로 지명된 것까지는 좋았다.

그런데 웬걸? 좋은 일은 최익수 차장이 맡기로 하고 나쁜 일은 내가 담당하기로 결정되었다. 말하자면, 모이라고 소리치고 집합시키는 일은 내가, 수고했으니까 쉬라고 말하는 것은 최익수 차장이 하기로 한 것이다. 이런 류의 업무 나눔은 처음이지만 어쨌든 악역도 역할은 역할이다.

혹자는 미인들 틈에 끼어서 그녀들의 생활을 책임지는 사람이 된다면 무료봉사라도 하리라 생각하는 사람이 많을 것이다. 그러나 정작 일을 맡게 된다면 생각이 조금 달라질 것이다. 책임을 맡게 되면 처음 기분과는 달리 어떻게 하면 이 행사를 잘 끝낼 수 있을까 하는 마음이 더욱 앞서게 된다.

내가 사감을 맡은 이상 그들을 아무 탈 없이 건강하게 본선무대에 세워야 할 책임이 있다. 그렇기에 나는 귀찮고 하기 싫은 일들을 많이 요구해서 악역이 될 수밖에 없으니까 본인이 나타나면 별로 좋은 일이 아닌 줄 알면 틀림없을 것이라고 미녀들에게 미리 엄포를 놓았다. 그러니 애시당초부터 그들에게 좋은 인상을 줄 리는 만무했다.

촉박한 일정이었다.

단체생활을 할 때, 특히 생방송 행사를 앞두고는 그 일에 관여하는 모든 사람들이 적절한 긴장을 유지하는 것이 좋다는 것을 나는 경험으로 알고 있다. 적절한 긴장은 사람들의 정신을 집중하게 만들어 사고나 부상을 방지한다. 여러 가지 교육프로그램이나 일정들은 전문가들을 활용할 수 있지만 아침 기상과 체조하는 일 등의 생활은 진행본부에서 맡아서 해야 했다.

아침에 곤히 자는 사람을 깨우는 것은 쉬운 일이 아니다. 일어나야 하는 사람이나 깨우는 사람이나 모두가 고역이다. 아침부터 밤까지 꽉 짜인 생활을 하다 보면 아침 일찍 일어나는 일이 더욱 어렵다. 젊은 탓도 있겠지만 미인은 잠꾸러기(?)라나, 하여간 아침에 일찍 깨우는 것은 말할 것도 없고 구보나 체조도 싫어했다. 게다가 내가 실수한 것이 상대가 여성이니만큼 여성에 맞는 체조를 시켰어야 하는데 남자들이나 하는 터프한 체조를 시켜―나중에야 알았지만―원망 중에 하나가 되었다.

사람들은 살아가면서 별일을 다 겪게 된다. 어떤 일을 통해서 자신의 인생이 전혀 다른 길로 가게 되는 것이다.

'말콤 X'는 감옥을 수없이 들락거렸는데 그 많은 감옥살이 중에 단 한 번 마호메트를 만남으로써 마약·알콜중독자로 살던 생활을 청산하고 스스로 언약을 세워 방황하는 흑인들의 지도자로 인생을 바꾸었다고 한다.

많은 집단생활 중에서 특히 여성들은 학교를 졸업하고 나면 그들만의 집단생활을 할 기회가 거의 없는 만큼 서로 다른 삶을 살아온 사람들끼리 모여서 함께 생활을 한다는 것은 의미있는 일이라고 여겨진다.

우리는 패션쇼의 모델들이 그야말로 폼나게 걷는 모습을 보면서 그렇게 걸을 수 있기까지는 상당히 많은 연습이 필요하다는 것을 잘 알지 못한다.

우정의 사절 선발의 기본적인 요건이 예쁜 여자보다는 언어 실력이니만큼 그들의 해당 외국어 구사실력은 거의 모국어 수준이었다. 우리말은 제쳐두고 해당 외국어로 의사소통을 하는 것이 오히려 자연스러운 형편이어서 외국어를 사용하지 못하게 하였다. 모국어를 기본으로 하여 외국어 구사능력을 보는 것이니만큼 집단생활 동안에 외국어를 못 쓰도록 한 것이다.

미인대회로 뽑은 여성들이 아닌 만큼 옷 입는 법, 미소 짓기, 걸음걷기 등 선발대회를 위한 기본적인 무대 매너와 우아하고 기품 있는 여성으로 88서울올림픽 홍보사절의 역할을 충분히 할 수 있는 기본적인 예절을 가르쳤다. 처음엔 어색하기 짝이 없었던 사람들이 며칠 훈련을 받고나니 전혀 다른 사람으로 변한 것 같은 느낌이 들었다. 훈련은 사람들을 빠르게 변화시켰다.

너무나 긴장해서인지 아파서 쓰러진 참가자를 한밤중에 들쳐업고 병원으로 뛰던 일, 빡빡한 일정에 지쳐 웃을 힘조차 없을 때에도 미소를 잃지 않으려고 애쓰던 그 모습들이 그립다.

군대 용어로 말한다면 정말 강행군이었다. 군대생활에서 고된 훈련을 함께 받은 남자들이나 전쟁에 참가한 군인들이 서로 끈끈한 전우애를 나누는 것처럼, 사람들은 누구나 힘든 과정을 겪게 되면 서로 돕는 마음이 절로 생기나 보다.

처음에 서로 어울리는 데 서먹서먹했던 그들이었지만 시간이 지남에 따라 서로 친밀감을 나타내기 시작했다. 아마 생활을 함께 만들어 간다는 공유감이 서로에게 생겨났기 때문이리라.

우리 사회에는 미인뽑기 이벤트가 여성을 상품화한다고 해서 부정적인 시각이 있는 것도 사실이다. 그러나 화가나 사진작가들은 이 세상의 모든 움직이는 것들 중에 가장 아름다운 선을 가진 동물이 말과 여성이라고 말하는 데 주저하지 않는다. 나는 남자의 본성적인 매력이 씩씩함이나 용감함이라면 여성의 매력은 아름다움이라고 생각한다.

일반인들은 미인들과 합숙하며 관찰할 수 있는 기회가 주어지는 것도 아닌데 비슷하게 아름다워 보이는 많은 미인들 중에서 어떻게 최고를 선발하는가 하는 부분이 매우 궁금할 것이다. 더구나 심사위원들은 선발대회의 현장에서 보고 어떻게 점수를 주며 고를 수 있을까?

심사위원마다 각자 기준이 다르고 선발하는 미인대회의 성격이 다 틀리지만 일반적으로 심사위원들에게 귀동냥으로 들은 선별방법을 종합해 보면 공통사항이 있다.

우선 아무리 화장을 하고 옷을 입고 하여도 그 사람만이 가지는 독특한 개성이 있다. 말하자면 사람의 향기 혹은 분위기라고 할까? 그런 다음 신체적으로 머리, 상체, 하체의 배분과 균형을 본다. 신체적으로 잘 다듬어지려면 다리가 날씬해야 하고 다리의 아름다움은 무릎이 얼마나 예쁜가에 달려 있다고 해도 과언이 아니다. 그래서 신체적인 부분은 무릎의 생김에 많은 점수를 주는 경향이 있다. 여러분들은 사람의 좌우가 똑같다고 생각할지도 모르는데 의외로 좌우의 대칭이 서로 다른 사람이 많다. 그런 대칭도 심사기준에 들어가게 된다. 그러나 요즈음의 미인선발은 그저 예쁘게 생긴 사람만을 뽑지 않으며 지성과 교양을 바탕으로 하는 개성이 넘치는 여성을 선호하고 미인대회마다 선발기준을 제시하고 있다.

사람들에게 아름다운 것을 보여준다는 것은 사실 좋다 나쁘다 하는 문제가 아니라 많이 권장해야 하는 일이다. 그럼에도 우리는 그 아름다움을 표현하는 데에 스스로 많은 문화적인 제한을 두고 있다. 내 생각으로는 여성뿐만 아니라 남성까지 포함하는, 사람 자체를 대상으로 하는 이벤트가 더욱 많이 기획되어 우리에게 아름다움에 대한 공통적인 이미지가 그려질 수 있었으면 한다.

　인형가게를 가보아도 우리의 얼굴을 가진 인형의 모습은 사라지고 외국인 모습을 한 인형이 상품 진열대를 차지하고 있는데 우리가 어렸을 때부터 외국 미인대회만 보아온 미적 기준 탓이 아닌가 하는 생각이 든다. 나는 우리 아름다움의 정형을 찾기 위해서라도 미인대회가 있어야 한다고 생각한다.

　요사이 지방자치단체에서 그 고장의 아름다움을 자랑하는 섬유 아가씨, 춘향이 선발, 감귤 아가씨 뽑기 등의 이벤트를 개최하고 있는 것도 바람직한 일이라고 여겨진다. 미인이 되고 미인이 되기 위해 노력하는 것은 좋은 일이다. 화장하지 않은 자신의 세계와 순수한 아름다움을 가진 참다운 미인을 주위에서 많이 발견할 수 있었으면 하는 바램이다.

렉처 콘서트

불황의 탓도 있겠지만 요즈음 공연에는 기본적으로 관객이 감소하고 있다. 유료 관객뿐만 아니라 일반적으로 공연장에 입장객이 줄어들고 있는 것이다. 공연의 유료 관객이 점점 감소하는 원인이야 많을 것이다. 경제 탓일 수도 있고 사회적으로 어수선해서일 수도 있고 너무나 좋은 공연에 길들여져서 웬만한 공연은 관심 밖일 수도 있다. 그러나 그 중 한 요인으로 사람들이 관심을 가질 만한 공연을 기획하지 못하는 탓도 있을 것이다.

대중음악의 공연은 그럭저럭 흥행을 맞출 수 있는 형편인 듯하지만 순수예술 공연은 정말 관객 확보가 어렵다. 공연 예술의 기초적 즐거움과 감동이 몸에 배기도 전에 올림픽이다 엑스포다 하여 깜짝 놀랄 정도의 대형공연에 너무 길들여진 탓도 있다. 또 우리가 순수예술에 대한 기본적인 소양이나 즐김에 대한 바탕이 없는 것도 사실이다.

음악 공연도 그 아름다운 실내악이나 독주 등은 제쳐두고 대규모의 오케스트라 공연이 아니면 관객이 몰리지 않는 현실이다. 학교마저도 예술감상에 대하여 체계적으로 확실하게 가르치지 않는다.

우리는 공연예술의 일반적인 이해에 대한 공백을 채우는 한 방편으로 렉처 콘서트(lecture concert)를 실시하는 것에 관심을 가질 필요가 있다. 특별히 청소년들을 위해서 이런 형태의 공연을 많이 하여야 한다.

가르치는 것에 대한 부담이 많은 것은 사실이다. 특히 음악이나 무용, 연극 등의 예술에 대해서는 분명히 보여주는 것도 아니고 그렇다고 예술에 대해서 본격적으로 가르치는 것도 아닌데 돈내고 사람들이 오겠는가 하는 생각이 들 수도 있다. 그러나 공연기획자가 잘 꾸민다면 오히려 재미있는 공연이 될 수 있다. 여러분 중에는 '번스타인 청소년 음악회'를 기억하는 사람이 있을 것이다. 그렇게 얼마든지 재미있고 유익한 이벤트가 된다.

나는 공단에 근무하는 근로자들을 위해 이와 유사한 콘서트를 열어 많은 호응을 받은 적이 있다.

'근로청소년을 위한 KBS 클래식의 향연'이라는 이름으로 전주 이리공단의 (주)쌍방울 강당에서 연주회를 열었다. 공단에서, 장소도 좋지 않는 곳에서 음악의 향연을 한다면 제목과 내용이 괴리가 있지 않은가 하는 생각이 들 수도 있을 것이다. 그러나 우리는 음악적인 느낌이 있는 공연이라면 그것이 바로 향연이라는 결론에 도달하였고 또 음악으로 열어 주는 잔치라고 생각을 하였다.

사실 행사에서 제대로 이름을 짓는다는 것은 그리 쉬운 일이 아니다. 무슨 행사든지 쉬운 것이 있으랴마는 이 연주회도 쉽지 않았다.

나는 이 연주회를 위해서 KBS 전주방송총국에 근무하시는 김영기 부장에게 전주시립교향악단의 섭외를 부탁하였다. 그러나 예산 문제로 전주시립교향악단의 섭외는 처음부터 난항에 부딪치게 되었다. 연주회를 하기 위해서는 별도의 연습이 필요한데

KBS가 제시한 금액으로는 단원의 연습비는커녕 교통비로도 모자란다는 것이다.

전주시향은 고정적으로 운영되는 것이 아니고 일주일에 한 번씩 연습해서 정기 연주회를 하는 형편이었다. 이러한 현실은 전주시향뿐만 아니라 다른 시들도 거의 마찬가지인데 재정적으로 시에서 전업 오케스트라를 유지하는 것이 그만큼 힘들기 때문이다. 단원들은 시에서 주는 월급만으로는 생활이 어렵기 때문에 대부분 음악교사를 한다든지 하는 별도의 직업이 있다. 이것이 지방 교향악단의 현실이다.

그러나 우리도 예산이 부족해 교향악단의 출연료를 더 부담하기가 어려운 상황이었다. 나는 김영기 부장과 함께 유영수 지휘자를 만나 간청했다.

"선생님이야 좋은 가정에서 태어나 부러울 것 없이 자랐고 스스로 하고 싶은 일을 해서 별 감동이 없으시겠지만 공단에 근무하는 청소년들이야 일찍이 직업전선에 나서 생활을 해야 되는 입장입니다. 선생님이 지휘하는 교향악단 정기 연주회 입장료가 얼마인지는 몰라도 입장료 내고 연주회에 오겠습니까?"

나는 6천원의 화폐 한계효용가치에 대해서 이야기했다. 현금 6천원이면 친구하고 설렁탕 한 그릇을 먹을 수 있고, 당구 한 게임을 하러 갈 수도 있고, 개봉관 극장에서 영화 한 편을 볼 수 있다. 6천원이면 친구하고 차 한 잔 마실 수 있고, 친구하고 포장마차가서 막걸리 한 잔 할 수 있는데 전주시향 연주회는 리스트에 없다. 왜냐하면 그들은 전주시향 연주회를 한 번도 들어 본 적이 없기 때문이다.

그들도 고급 예술을 즐길 수 있는 권리가 있고 또 즐길 줄 안다. 그러나 연주회에 가면 알지도 못하고 재미도 없는데 뭐하러 가겠는가? 그들을 위해서, 전주시향을 위해서, 한 번만 연주회를 해 달라고 부탁을 했다. 시향의 연주회에 입장료 3천원을 내고 가더라도 절대 후회하지 않을 수 있다는 확신이 있어야 올 것 아닌가. 대충 이런 내용으로 김영기 부장과 나는 밤이 늦도록 유영수 교수에게 간청하였다.

겨우 반승낙을 받고나서 나는 연주회를 어떻게 할 것인가를 이야기하였다.

먼저 연습되어 있는 서곡(overture)을 한 곡 연주한 다음, 남녀 성악가들이 나와서 가곡과 아리아를 각자 부르고, 다시 오페라 아리아 이중창을 한다. 전반을 끝내고 휴식한 후, 후반에는 지휘자가 객석을 보고 오케스트라에 편성된 악기 하나하나를 모두 소개하되 소개되는 악기는 중·고등학교 음악 교과서에 나오는 노래 중에서 16소절 혹은 32소절을 실제 연주해 주어야 한다. 그 다음에 성악가가 나와서 가곡을 각각 한 곡씩 부른 다음 멘델스존의 <스코틀랜드>를 연주하되 지휘자가 곡의 소개와 함께 연주에 나오는 특별한 부분, 예를 들면 스코틀랜드의 바람소리, 소나기 오는 모습, 전원의 풍경을 묘사한 대목을 먼저 연주하여 설명해준 다음 실제로 오케스트라가 4악장을 연주하는 형태로 음악회를 구성하는 것이 어떨지를 말씀을 드렸더니 유 교수는 마음에 들어 하였다.

멘델스존의 <스코틀랜드>는 직전 전주시향의 정기연주회 곡목이어서 설명이 보다 쉬울 것으로 생각되었다. 예산 문제로 연주회를 과연 할 수 있을까 하는 의문을 가지고 일을 시작하였으나 어려운 예산 문제를 넘기고 나니 음악회는 잘 진행되었다. 성악가가 노래 부를 악보를 보내고 초대장, 연주회 프로그램 만들고 부지런히 KBS 전주방송총국, 전주시향과 연락하고 준비하는 사이에 연주회 날이 다가왔다.

현장답사를 하였지만 막상 공연장을 보니 조금은 답답하고 막연한 생각이 들었다. 이리 쌍방울 공장의 강당이 평소에는 식당으로 사용하는 등 다목적으로 지어졌기 때문에 순수음악의 연주장으로 사용하기에는 음향, 조명, 무대 등이 다소 무리가 있었다. 그러나 이리공단에서는 가장 좋은 시설이라니 어쩔 수 없지 않은가. 약간의 장식을 하고 리허설을 해보니 그런 대로 괜찮았다.

시간이 되자 근로자들이 하나둘 모여들기 시작하여 결국 강당을 꽉 메웠다. 리허설 때 약간의 울림(echo) 현상이 있어 걱정을 하였는데 관객들로 빈 공간을 메우니까 음향문제는 저절로 해결되었다. 연주회가 시작되자 청중은 너무나 진지하고 열정적이었다. 잘못하여 재미없는 연주회가 되면 어떻게 하나 하는 기우는 사라졌다. 악기 소개가 있을 때는 연주하는 곡을 따라 부르기도 해서 연주자와 청중의 호흡이 그렇게 잘 맞는 연주회를 보는 것마저 큰 즐거움이 되고 감동이 되었다. 감격적인 연주회였다. 잠시 쉬는 사이에 나는 슬그머니 뒤쪽으로 가서, 앉아 있는 청소년에게 물어 보았다.

"연주회 들을 만해요?"

"네. 이렇게 재미있는 줄 몰랐어요."

"정말 재밌어요?"

"예, 클래식이라고 해서 여자들도 있는데 졸까봐 걱정을 했거든요."

"그런데 어때요?"

"다음 전주시향 연주회 때 여자 친구하고 가려고 그래요."

"그거 좋은 생각인데요."

다음에는 여자 친구하고 연주회에 가겠다고 하다니 너무나 기뻤다. 나는 많은 연주회를 했지만 그중에 가장 기억에 남는 연주회를 들라고 하면 서슴없이 이 연주회를 말한다. 연주회에 가서 단 한 번의 감동이라도 느낀 사람은 그 감동 때문에 일생을 두고 나쁜 사람이 되지 못한다. 비록 제대로 된 연주장은 아니었지만 감동이 넘치는 연주회가 되었다.

연주회가 끝나고 쌍방울 회사의 공장장 방에서 차 한 잔을 할 기회가 있었다. 그날 게스트였던 테너 엄정행 교수가 많은 연주회에 참가했었지만 오늘은 정말 고생했다고 말했다. 오케스트라가 너무 신바람이 나서 피아노시모(여리게)로 연주해야 할 부분도 포르테에 가깝게 하는 바람에 소리내느라 정말 힘들었다고 하면서도 싫지 않은 표정이었다. 일 끝난 피곤함에 반강제로 연주회에 참가했을지도 모르는데 그렇게 반짝이는 눈빛을 본 적이 없다고 하면서 엄 교수는 마치 어린아이처럼 기뻐했다.

연주회를 마치고 서울로 귀환하려고 하는 나에게 유영수 지휘자는 손을 꼭 잡더니 내일 가라고 하였다. 오늘 전주에 가서 전주 술맛이 얼마나 좋은지 보여주겠다고 했다. 처음에 연주회 하느니 못하느니 했던 유 교수는 서울 간다는 나를 막무가내로 잡았다. 확실히 음악하는 사람들이 매우 감성적이다. 결국 다음날 연주회 때문에 귀환하고 말았지만 지금도 전주 술맛에 대한 아쉬움이 있다.

야, 돈 벌어라

올림픽 헌장에는 올림픽게임이 시작되기 전 약 한 달 동안 문화예술축전을 하도록 규정되어 있다. 1988년 그 해, 우리는 서울올림픽 문화예술축전 음악제를 치르라는 명을 받았다. 이중적인 음악축제의 개최는 낭비가 될 수 있어 '서울국제음악제'를 '문화예술축전 음악제'로 명칭을 바꾸어 열기로 했다.

우리나라에 국제적인 음악제가 있다는 것은 정말 다행이다. '서울국제음악제'는 미국에서 발간되는 『세계의 국제음악제 연감』에 등록된 유일한 우리나라의 음악제이기도 하다(KBS가 이 음악제를 인수할 때 정훈상 씨가 세계음악제 사무국에 등록을 하였다).

그 많은 올림픽 문화예술행사 중에서 돋보인다는 것은 사실 쉬운 일이 아니다. 우리의 대장 이상원 문화사업국장은 우리 팀을 불러놓고 "적자내지 말 것"을 명령했다. 쉽게 말하자면 "야, 돈 벌어라!"이다. 최소한 외형적인 적자라도 내지 말고 수지를 맞추라는 지엄한 분부였다.

짧은 음악제의 경험으로 볼 때, 수많은 올림픽 문화예술축전 속에서 순수음악으로 흑자를 낸다는 것은 사실 힘들다. 지금도 대중음악을 제외하고, 순수예술 공연행사가 순전히 입장료 판매로만 성공한 예는 극히 드물다. 대부분의 공연은 기업이 지원하는 협찬금에 40~60%의 입장료 판매를 순수예술공연의 손익분기점으로 계산하고 있는 실정이다.

외부 공연기획사에서 공연 홍보를 의뢰하면 KBS가 순수예술 분야에 비교적 지원을 아끼지 않는 배경은 순수예술로 흑자를 내기 어렵다는 것을 잘 알기 때문이다. 순수예술을 포기하지 않을 작정이면 한정된 관객으로 인기몰이도 쉽지 않은 이 분야를 방송국에서 홍보적인 측면만이라도 많은 도움을 주어야 한다. '고양이가 무슨 쥐 생각하랴'는 사람도 있겠지만 사실이다. 이것이 국가적인 큰 일이 생겼을 때 적어도 KBS인이 생각하고 행동하는 문화적인 특성이다.

개인 공연 이벤트사의 경우 평소에도 대기업의 협찬(후원)을 얻기가 힘들지만 당시에는 올림픽이라는 거대한 이벤트에 묻혀 문화예술분야에서 협찬을 구하는 일은 더욱 힘들었다. 그래서 우리는 협찬을 가능한 한 자제하고 스스로의 노력으로 적자를 극복하기로 하였다.

외국의 예술인이나 단체를 초청하는 공연에서 가장 돈이 많이 드는 항목은 출연료와 항공료, 체재비 그리고 홍보비이다. 공연행사에서 가장 많은 비용이 소요되는 것이 홍보비라는 데에는 별 의의가 없을 것이다. 기자회견 한 번만 하여도 내용에 따라서 상당한 비용이 든다. 그러나 우리 회사에서 하면 홍보비에 대한 부담을 줄일 수 있기 때문에 적자를 내지 말라는 명령이 그렇게 부담스러운 것은 아니었다. 어렵기는 하지만 전혀 무망(無望)한 것은 아니었던 것이다.

결국 출연계약을 얼마나 잘하는지와 입장권을 얼마만큼 많이 판매할 수 있느냐가 관건이었다. 그것이 적자와 흑자를 나누는 분기점이 되었다. 그러나 적자 생각만 해서 출연료를 줄이는 데 너무 집착하면 자칫 잘못 음악제의 수준을 저하시켜 품질이 나빠질 수 있음을 주의해야 한다.

우리는 두 마리 토끼를 다 잡아야만 했다. 기획력과 출연계약의 노하우를 잘 활용하고 입장권 판매에 보다 적극적으로 나서기로 했다. 음악제의 질을 높이기 위해 외부의 단발기획 음악회를 우리 행사로 흡수하고 자체로 실시하는 공연은 충실도를 기하기로 했다.

나는 지금도 서울국제음악제를 음악협회에서 모두 기획해서 하는 것보다는, 시기가 맞고 서울국제음악제가 추구하는 정신과 목표에 합당하다면 외부의 이벤트 회사가 기획한 공연을 음악제에 흡수하는 것이 바람직하다고 생각한다.

올림픽 문화예술축전은 분단국가라는 우리가 처해 있는 상황 때문에 화합과 평화에 초점을 맞춘 기획을 하였다. 우리는 가능한 한 5대륙의 음악을 한 자리에 모으려고 했으며 평화 콘서트를 기획하는 등 음악제의 의미 부여에 노력하였다. 그래서 동서양의 훌륭한 음악단체를 유치하는 데 많은 관심을 기울였다.

그 당시에는 동서의 이념 대립으로 상호 교류가 없어서 러시아나 동구권의 음악을 우리나라에 소개하는 것 자체가 매우 의미있는 일이었다. 88서울올림픽 문화예술축전 음악제 기획의 핵심이 동서간의 화해를 음악적으로 표현하는 것이었기에 구소련 오케스트라의 초청은 우리의 관심사였다. 더구나 소련의 음악단체로서는 최초의 내한 공연이 된다는 것만으로도 가슴 설레이는 일이었다.

소련의 오케스트라를 유치하기 위해 이상원 국장과 함께 신라호텔에서 하루종일 진치고 있었던 기억은 다시는 돌이키고 싶지 않다. 호텔방 하나 잡지 못하고 담당자를 만나기 위해 새벽부터 밤늦게까지 호텔 로비에서 서성였는데 겨우 만나서 섭외하고 성사시킬 만하면 다른 회사에서 방해를 놓곤 했다. 유치를 위한 정상적인 거래에 다른 회사에서는 물량공세를 퍼붓고, 결국 기가 질려 포기하고 돌아설 때의 그 참담한 심정은 겪어 보지 못한 사람은 모른다. 마치 1970, 80년대에 우리나라가 해외에서 공사를 수주할 때 한 기업이 정상적인 수주계약을 하면 다른 기업들이 상어떼처럼 달려들어 요금 내리기 경쟁을 하여 결국 전부 파산하고 국제적으로 망신당했던 때 같았다. 그 공연은 결국 우리 음악제에 흡수되었지만, 우리 자신을 위하여 외국 공연단체의 섭외에서 물량공세는 지양해야 한다. 이러한 행위 때문에 문화계에도 거품이 일어 10만 달러면 초청할 수 있는 공연단체가 이제는 몇십만 달러를 요구하고 있는 현실을 의미 깊게 생각해 봐야 한다.

근래 문화체육부에서 공연이벤트사에 보낸 서한의 내용을 보면 아직도 이런 현상이 계속되고 있다는 것을 과히 짐작할 수 있다.

문화예술 공연 매니지먼트사 귀중

외국인 공연 관련 협조 요망사항

1. 우리나라 공연예술의 발전을 위해 노력하는 귀사의 노고에 감사드립니다.

2. 연간 국내에는 약 400여 건의 크고 작은 규모의 외국 예술인 단체가 유치 공연되고 있습니다. 이와 관련하여 외국의 수준 높은 예술을 접할 수 있는 기회가 마련되는 긍정적인 면이 있는 반면, 상당히 많은 외화가 지불되고 있다는 지적도 있습니다.

특히 최근 국내의 어려운 경제사정에도 불구하고 공연기획사간의 과당경쟁으로 외화낭비를 초래하는 경향이 있고, 공연법에 의한 허가절차를 거쳐야 함에도 불구하고, 문화체육부의 허가여부가 미확정인 상태에서 공연계약을 체결, 무리하게 공연을 추진하는 사례가 있는바, 향후 외국인 공연 허가신청시 다음 사항에 유념하여 주시기 바랍니다.

- 외화가 USD 100,000$ 이상 지불되는 공연에 대해서는 최소한 2개월 전 사전협의(구두 또는 문서)
- (사)공연예술매니저협회를 중심으로 공연기획사간 충분한 정보교환으로 과당경쟁예방 및 불건전 공연물 여과(濾過)
- 외국인 공연자의 여타 국가 공연사례를 검토, 유리한 조건 교섭 및 적절한 수준의 공연료 지급
- 유사 예술단 중복 공연 자제 등

3. 또한 외국인 초청공연에 비해 절대적인 열세에 놓여 있는 우리 예술인 또는 단체가 해외로 진출할 수 있는 방안에 대해서도 적극 검토하여 주시고, 이에 대하여 문화체육부의 조치가 필요한 사항은 공연예술과로 연락하여 주시기 바랍니다.

문화체육부장관

공연료를 제대로 지불해야 하는 것에는 동의하지만 제 닭 잡아먹기 식의 공연계약은 우리의 자존을 위해서도 그만둬야 한다. 유럽에서는 연주회를 연속적으로 몇 차례 할 수 있지만 우리나라에서는 한두 회 분 정도의 공연만 소화해 낼 수 있는 점을 감안하여 출연료를 적정 수준에서 지불해야 한다.

공연에서 좋은 출연자를 확보하는 것이 입장권 판매에 막대한 영향을 준다는 것은 누구나 다 아는 사실이다. 즉 공연이 성공할 확률이 높다는 것이다. 공짜가 일반적인 관행으로 되어 있는 공연은 우리 스스로가 지양해야 한다. 나는 일반인들이 참여하는 방송국의 공개방송이 아닌 순수예술이나 흥행성이 있는 공연예술의 무료화는 바람직하지 않다고 생각한다. 무료 공연을 할 바에는 특수목적을 위한 자선공연을 권장하고 싶다. 공짜로 공연을 관람하는 것은 좋은 현상이 아니다. 금액의 많고 적음을 떠나 공

연은 입장료를 지불하고 감상해야 한다는 생각을 가지도록 하는 일이 중요하다. KBS의 열린음악회가 성공을 거두고 있지만 공연 문화의 발전이라는 측면에서는 새롭게 생각해 봐야 할 것이다.

우리들은 공연물을 가지고 표 팔기 작전에 온 관심을 쏟아야 했다. 표 파는 일은 말같이 쉬운 일이 아니다. 어쩌면 공연보다 어려울 수 있다. 집에 얌전히 계시는 분들을 어떤 기대심리를 갖 도록 하여 공연장으로 모셔와야 하는 것이다. 이런 경우 음악회 의 내용을 효과적으로 홍보하여 조직적으로 입장권을 판매하는 기술이 필요하다.

이 일은 문화를 판매하는 일이다.

모든 시대에 통용되는 완전한 방법은 없지만 입장권 판매에서 조직화 작업은 매우 중요하다. 이러한 조직화의 한 방편으로 우 리는 각 대학교의 음악대학은 물론이고 클래식 음악 동아리들을 많이 활용하였다.

그리고 올림픽 문화예술축전이기에 국내 음악팬의 확보만큼이 나 국내에 거주하는 외국인 음악 애호가들을 찾는 일에 보다 많 은 노력과 관심을 기울였다. 우리나라에 있는 외국인 학교 주소 를 입수, 전부 방문하면서 판촉활동을 하였고 주한 외국인 부인 회(SIWA: Seoul International Women's Association)라는 모임까지 가서 음악제의 입장권을 파는 극성(?)을 보였다. 또 서울 시내 유 명 호텔의 로비 라운지 데스크에 음악제 전단을 비치시키고 예 매처를 개설하였다.

외국에서는 음악회의 예매 구입시기에 따라 입장권에 각종 할 인혜택을 준다. 공연문화의 발전을 위해 입장권 판매와 관련한 여러 가지 아이디어와 제도적 장치를 보완·개발해야 한다. 입장 권 판매자의 관리편의 위주가 아닌 구매자를 위한 서비스 위주 의 입장권 판매방식과 혜택이 있어야 공연문화의 발전을 도모할 수 있다.

입장권 구매자의 편의를 위해 은행과 계약하고 음악대학의 사무처에도 예매처를 개설하는 하는 등 새로운 예매처의 개발에도 많은 노력을 기울였다. 그러나 아이디어와 제도적 장치를 통해서라기보다는 하루 100킬로미터 이상 운전하며 예매처 예매상황을 독려하는 등 순전히 몸으로 때우는 작전 위주로 노력했음을 고백한다. 결과적으로 입장권 판매는 생각보다 상당한 성과를 거두었다.

방송홍보의 효과를 부인하는 것은 아니지만 문화예술축전 음악제를 담당하는 직원들은 발이 부르트도록 서울 시내를 누볐다.

사는 일이 극성을 부린다고 다 이루어지는 것은 아니지만 열심히 하다보면 끝이 있게 마련이다. 이런 극성스런 노력이 결국 외형적으로 올림픽 문화예술축전 음악제를 적자를 면케 했다. 공연을 끝내는 날 우리는 취했다. 대장과 우리 팀들은 다음날 아침 눈에서 술이 흘러내릴 만큼 마셨다.

우리는 약속을 지킨 것이다.

남진의 <가슴 아프게>와 클래식 음악

사람 사는 일이 재미있는 것은 어느 날 갑자기 무언가가 앞으로 다가와 내 인생이 되고 마는 경우가 종종 있기 때문이다. 나의 경우도 이와 비슷한 일이 문득 일어나 행사 사업이라고 불리는 이벤트가 나의 인생이 되어버렸다. 나는 지금도 클래식 음악에 관한 한 문외한이다. 이런 문외한이 서울국제음악제도 기획해서 실시하고 외국 오케스트라를 초청, 내한공연도 하니 스스로 생각해도 정말 대견스러울 정도이다. 내 친구들은 대부분 순수음악이라는 소리만 들으면 졸린다고 하는데 이는 아마도 일반적인 현상일 것이다.

내가 보기에 음악가들은 자기 주장만 내세우지 일반인들의 생각에는 별 관심이 없는 듯 보인다.

비전공자들이 고급 예술을 이해하고 느끼고 즐길 수 있도록 하는 어떤 대책이나 실행을 가지고 있지 않은 바에야 조금이라도 더 예술에 대한 깊이가 있는 사람들이 일반 관중의 수준에 맞추어 주면 어떤가. 너무 극단적인 표현인지는 몰라도 관객은 '신라의 달밤' 수준인데 성악가들은 굳이 오페라의 아리아를 불러야겠다니 할 말이 없을 때가 많다.

나의 어리석은 단견일 수 있음을 전제로 하고, 예술의 실험정신이나 예술적인 표현도 중요하지만 물고기가 물을 떠나서 살 수 없듯이 예술도 예술로 남기 위해서는 이를 이해하고 즐기는 사람들이 있어야만이 가능한 것이 아닐까? 예술과 문화는 언제나 인간을 위한 것이 아니던가?

해묵은 분쟁을 재현하자는 것은 아니지만 일반적으로 음악을 즐기고 감상하는 우리의 수준이 아직은 예술가곡에서 크게 벗어나지 못했다는 생각을 떨쳐 버릴 수가 없다. 그러한 현상은 KBS가 개최하는 열린음악회가 굉장한 성공을 거두는 것을 보면 알 수 있다.

순수음악의 관객확보를 위해서, 사람들의 예술에 대한 이해와 향수를 위해서, 예술학교나 대학 등이 일반인들을 위한 '음악 즐기기' 교육을 분담한다면 어떨까?

예술의 이해를 단순한 호기심에서 벗어나 보다 적극적으로 사람들이 즐기고 사랑할 수 있게 해준다면 예술가들의 고집을 충족시켜 줄 수 있을 것이다.

하지만 우리나라에서 대학 총장이 본업에 충실하지 않고 이런 일을 하다가는 연임은커녕 제 임기도 못 채우고 도중 하차할지도 모른다. 학부모들은 세계 제일의 교육열을 가지고, 세계에서 제일 많은 사교육비를 지불하면서도 정작 자녀들에게 필요한, 인생에 관한 교육에는 관심이 없는 듯 보인다. 결국 어른이 되어 우리 자신이 즐기고 관심을 갖는 부문은 문화나 과학, 예술 또는 사회의 여러 현상에 관한 것인데 이러한 것들을 즐기고 이해하는 데 도움이 되는 교육을 학교시절에 별로 받지 못하고 있는 것이 현실이다.

이야기가 빗나갔지만 순수음악 연주회에 가면 졸린다고 말하는 내 친구들에게 나는 "음악은 이해하는 것이 아니고 느끼는 것이다. 말하자면 이성에 호소하는 것이 아니고 감성에 호소하는 것이기 때문에 음악회에 가서 졸리면 불면증 환자가 아니더라도 얼마나 좋은 것인가"라고 말한다. 졸린다는 것 자체는 상당히 기분이 좋은 상태이니까 괜찮은데 다만 투자가치나 화폐의 효용가치로 따져서 몇 만 원 투자해서 졸고 나오기가 조금 비싸다는 게 안된 일이다.

술 먹는 일이 제일 좋다고 매일 술만 먹을 수는 없지 않은가? 일 년에 한 번쯤은 음악회도 가고, 전시회도 가고, 이렇게 자기 자신의 문화생활을 위해서, 또 자신의 발전을 위해서 투자를 하는 것이 좋지 않을까? 그래서 나는 졸리는 정도라면 일 년에 한 번만이라도 음악회에 가고 국전에도 가보라고 권한다.

보지도 않고 듣지도 않는데 좋아질 수가 없지 않은가?

자꾸 보면 정든다고 하였다. 그렇다. 음악, 미술, 연극, 영화 등도 자꾸 접하게 되면 정들고 그러면서 친해질 수 있다. 음악에 대한 호기심을 가지고 그 세계에 접근하다 보면 결국 가까워질 수 있는 것이다.

이렇게 말하는 나도 사실 아주 우스운 기회에 고전음악을 접하게 되었다. 나는 군대에 있을 때 김종균 신부님, 김상목 신부님과 함께 생활을 하였다. 하느님을 향한 마음만 제외하고 두 분의 인간적인 성격은 판이하게 달랐다. 당시 갓 스무 살이 넘은 나는 삶에 대한 생각과 호기심이 많을 무렵이었다.

김종균 신부님은 매우 정의로운 분이었다. 소설 『신부님 우리들의 신부님』에 나오는 돈 까밀로 신부와 이미지가 비슷한 분으로 생각한 바를 거침없이 말씀하시고 외국어도 잘 하시며 별명이 걸어 다니는 백과사전이었다. 이분의 삶에 대한 태도나 사고방식은 나에게 많은 영향을 주었다.

김상목 신부님은 우리가 보통 생각하는 품위있고 우아한 성직자의 이미지를 그대로 간직한 분이었다. 김상목 신부님은 음악을 매우 즐기셨는데 그분에게 음악은 클래식 음악을 의미하는 것이었다. 그레고리안 성가까지 거슬러 올라가지 않더라도 교회 음악 자체가 바로 서양의 순수음악이다. 미사곡의 아름다움을 마주하다 보면 그분에게는 순수음악이 곧 음악이라는 등식이 자연스럽게 성립했을 것이다. 그리고 음악은 그분 생의 일부분같이 보였다.

어느 날 신부님께서 물으시기를
"봉훈아, 너 음악을 좋아하니?"
"그럼요."
"아, 그래?"
어린아이처럼 기뻐하시는 신부님.
"그래, 무슨 음악을 좋아하는데?"
"예. 남진의 <가슴 아프게>가 좋습니다."
"뭐?!"
그 묘했던 표정이 지금도 생생하다.

그때 나는 대중가요를 무척 좋아했다. 감수성이 한창 예민했던 그 시절에는 무엇보다도 느낌에 와 닿는 것이 좋았다. 대중가요에는 애절함이 있고 구체적으로 느낌을 전달하는 가사가 있어 공감할 수 있었기 때문에 더욱 좋았다. 그리고 순수음악이거나 대중음악이거나 관계없이 내가 즐기고 좋아하면 된다고 생각했다. 지금도 이러한 나의 생각은 별로 변하지 않았다.

요즘 젊은이들은 '메탈', '랩', '록' 같은 음악들을 좋아하며 즐기는데 그들만의 음악적인 공감이나 느낌이 있을 것이다. 순수음악도 마찬가지로 한때는 바로크 고전주의, 낭만주의, 현대 음악에 이르기까지 시대에 따라 유행이 달랐다. 순수음악이건 대중음악이건 간에 여러 장르의 음악을 들어 보고 난 후에 그 중에서 자신에게 맞는 음악을 선택하여 즐기는 것이 적절하다고 생각한다.

그날 이후 내가 숙소에 가면 신부님께서는 성악곡을 주로 들려 주셨고 그 다음에는 기악곡들 중에서 비교적 많은 사람들이 즐겨 듣는 곡을 들려 주셨다. 가끔씩 "이 곡 지루하니?" 하고 묻기도 했으나 어떤 음악을 들어야 한다고 강요하는 법은 없었다. 그리고 또 가끔씩 아주 짧게 곡에 대한 설명을 하시곤 했다. 나는 신부님의 보이지 않는 배려 덕택에 정말 자연스럽게 순수음악에 접근하게 되었다.

돌이켜보면 이 때문에 나중에 내가 이벤트에 발을 들여놔 음악행사를 잘할 수 있게 되었는지도 모른다. 그렇지만 내가 신부님께 늘 감사를 드리는 이유는 음악 이벤트를 하는 데 도움을 주어서가 아니라 내가 알지 못했던 새로운 세계를 안내하여 주셨기 때문이다. 그 새로운 세계를 알고 그곳에서 기쁨과 감동을 느끼고 살아 갈 수 있도록 해주셨다는 데에 있다.

대중음악이든 순수음악이든 실험적인 음악이든 각기 나름대로 좋은 것이다. 어떤 음악을 즐길 것인가에 대해서는 각자가 어떤 결정을 내려도 무방하지만 몰랐던 세계에 용기있게 들어서 본다면 우리는 새로운 세계를 발견하고 큰 기쁨을 선물로 받게 될 것이다.

국악을 위하여

현존하는 국악경연대회 중에 최고를 꼽는다면 아마 KBS와 삼성문화재단이 주최하는 '서울국악대경연'과 전주대사습 보존위원회와 MBC가 주최하는 '전주대사습'을 들 수 있을 것이다. 상금의 규모, 전통, 참가자와 심사의 수준을 고려하여 볼 때 규모는 서울국악경연대회가 가장 크고, 전통으로 보면 전주대사습이라고 이야기하여도 무방하다.

처음 경연대회를 만들 때 가장 문제가 되는 부분은 자금이고 그 다음은 전통과 권위를 어떻게 만들어가느냐이다. 서울국악경연대회는 처음부터 자금 문제를 해결한 상태로 출발할 수 있었다. 삼성그룹의 고 이병철 회장은 생전에 국악인들을 위해서 좋은 일을 하겠다는 말을 남겼는데 이건희 회장이 그 유지를 받들어 국악경연대회가 이루어졌기 때문이다.

지금은 이 경연대회를 삼성문화재단과 공동으로 하고 있지만 처음에는 삼성그룹 회장 비서실의 최승호 부장과 김문연 씨, 우리 회사의 이광주 차장과 내가 논의를 시작하였다. 삼성그룹의 회사 방침이 초일류를 꿈꾸고 있기도 했지만 무엇을 하든지 간에 현존하는 것 중에서 가장 좋은 행사를 만들어야 한다는 데 서로 동의하였다. 또 어떤 이벤트를 만들어야 국악계와 국악인들에게 도움이 될지 많은 관심을 기울였다. 결국 우리는 경연대회가 가장 적절하다는 판단을 내렸고 이에 대한 준비를 갖추어 협상을 시작하였다.

국악인들에게 확실한 도움이 되고 싶어서 그 어떤 비용보다도 상금을 높게 책정하였다. 당시 전주대사습의 대상 상금이 300만 원이었는데 서울국악경연대회는 1,000만 원의 상금을 걸었다. 상금 액수만 하여도 총 7,700만 원 상당으로 그 액수는 서양음악 경연대회도 꿈꾸지 못했던 거금이었다. 모두가 놀랐을 정도로 파격적인 일이었다. 경연대회의 한 참가자가 나를 보고 엄청난 일을 저질렀다는 의미로 "약간 맛이 갔다"고 했을 정도다.

문화예술의 세계를 돈과 대비한다는 것 자체가 유쾌하지 않은 일임에는 틀림없다. 사실 예술에 관한 한 돈 이야기는 별로 하고 싶지 않지만 세월이 갈수록 '자본주의 사회에서는 예술마저도 돈을 먹고 자라는 것이로구나' 하는 생각을 떨쳐 버릴 수가 없다.

어쨌든 '서울국악대경연'은 가장 활동이 활발한 인간문화재 전수자나 이수자를 지원하기 위해 이렇게 큰 상금을 책정, 개최했는데 초기 몇 해를 제외하고는 국악인들의 외면을 받고 있다. 이것에 관한 한 나는 국악인들에게 서운함을 감출 수 없다. 비(非)국악인이 우리 국악을 위해서 무언가를 해보려고 할 때 국악인 스스로가 외면한다는 것은 좋은 일이 아니다. 부디 이 경연대회가 실력 있는 국악인들이 참가하는 축제와 같은 콩쿠르가 되었으면 하는 바램이다.

새로 만드는 콩쿠르가 전통과 권위를 부여받기 위해서는 자문위원회의 권위를 활용하는 것이 바람직하다. 상은 상을 줄만한 권위가 있는 기관이나 사람으로부터 받는 것이 수상자들을 위해서 좋다. 갑자기 만들게 된 서울국악경연대회의 권위를 부여받는 일은 권위 있는 자문위원을 모시는 것이었다.

초기에 서울 국악경연대회의 자문위원으로는 국악계의 원로인 성경린 선생, 판소리의 박동진 선생, 정가의 김월하 선생, 예총 회장인 무용의 강선영 선생, 지금은 고인이 되신 민요 부문의 안비취 선생, 이론가이며 작곡가이신 이성천 서울대 교수, 국립국악원장이신 이승열 원장, 그리고 KBS 국악관현악단의 상임지휘자 이상규 교수가 맡아 주셨다. 이분들의 명성은 초기 서울국악경연대회 권위의 버팀목이 되었다.

이쯤에서 박동진 선생에 대한 이야기를 빼놓을 수 없다.

자문위원이신 박동진 선생은 '욕'으로 정말 일가견이 있는 분이다. 판소리에 실어서 쏟아내는 사설뿐만 아니라 일상에서도 자연스럽고 밉지 않게 욕을 구사하는데 이상한 것은 욕을 듣는 대부분 사람들이 그냥 웃고 만다는 것이다.

자문위원회를 개최하면 우리 직원들은 준비하고 기록하고 진행하느라 정신없이 바쁘다. 그날도 우리 직원들이 부산하게 움직이는데 박동진 선생이 진종호 선배를 보고 대뜸 "어이, 거기 앞머리만 하얀 씨부럴 놈 이리 와 봐" 하는 것이 아닌가. 진 선배도 나이가 들 만큼 들고 성깔도 있어서 아이쿠 또 시끄러워지겠구나 생각했는데 진 선배는 "선생님 저 말입니까?" 하며 그냥 웃으면서 박 선생님에게 다가가는 것이었다.

어디 그뿐인가, 자문회의 할 때 김월하 선생이 어쩌다 일찍 오시면 박 선생은 그냥 넘어가는 법이 없었다. 김 선생은 공연 때도 단아하고 위엄이 넘치는 분이지만 일상에서도 매우 조용하신 분이다. 그런데 박동진 선생은 이분을 보기만 하면 옆에서 듣기에 민망할 정도로 욕 반 이야기 반을 섞어 장황하게 한바탕 이야기를 늘어놓는다. 그러면 김월하 선생은 다 듣고는 그냥 배시시 웃고 마는 것이다. 아무리 봐도 정말 신기한 일이었다.

어느 날인가, 평소보다 자문회의에 일찍 오신 박동진 선생이 이런 이야기를 들려 주셨다.

옛날에 이북에 있는 원산에서 공연을 했을 때 일이란다. 그때는 여관에서 식사를 주는 곳이 많았다고 한다. 공연날, 묵고 있던 원산여관(이름은 분명치 않음)에서 아침식사를 내놓았는데 너무 형편없어서 박 선생은 화가 치밀었다. 그날 여관주인을 공연에 초대한 박 선생은 판소리 한 대목을 하다가 불쑥 "내가 오늘요 앞에 있는 원산여관에서 묵었소. 그런디 아침밥을 주었는디 주인놈의 인심이 사나운지라 개나 먹었으면 좋겠는 음식을 아침이라고 대접하는 주인놈이 있소. 여기 오신 분 중에는 행여 원산여관엘랑 가지마소 챙피 당하기 십상이요" 하고 판소리의 한 대목처럼 소리로 내질렀다. 그랬더니 그날 저녁 주인이 와서 저녁을 잘 대접하고 다시는 그러지 말아 달라고 싹싹 빌었단다.

우스운 것은 세상에 천적이 있다는 것이다. 이렇듯 욕에 관한 한 신선의 경지에 들지 않았나 하는 박동진 선생도 꼼짝 못하는 분이 있다는데 나는 그분이 줄타기를 한다는 것밖에 모른다.

박 선생도 평소에는 그분에게 욕으로 못 이기는지라 어느 날 큰 맘 먹고 그분이 줄타는 공연장을 찾아갔다고 한다. 그분이 줄타는 아랫쪽에 선 박 선생은 냅다 "지에미 씨부럴놈이 줄도 더럽게 탄다"로 시작하여 줄타기가 끝날 때까지 실컷 욕을 퍼부었는데 평소 얼마나 가슴에 맺힌 게 많았던지 속이 다 후련하더란다. 내심 고소해 하면서 기분 좋아 지냈는데 제법 시간이 흐른 후에 박동진 선생의 아버지께서 별세를 하셨다. 영안실에서 박 선생이 상주 노릇을 하고 있는데 그분이 문상을 와서는 대자고자로 "아이구~ 형님 정말 자식 농사 잘못 지으셔서 저 동진이 놈이 오만 공연장 싸발리고 다니며 욕만 하더니 결국 속이 상해 돌아가셨구려. 아이구~ 형님 원통해서 어떻게 눈 감겠소" 하면서 땅을 치더란다. 천하의 박동진 선생이라도 자신의 아버지와 동급으로 나오는 데야 어쩌겠는가. 거기다 상주 입장에서 맞상대하여 욕할 수도 없는 처지인지라 꼼짝없이 다 듣고 있을 수밖에.

어찌 되었든 뛰는 놈 위에 나는 놈 있다고 박동진 선생도 그 분에게는 고개를 숙일 정도라고 인정하시니 나로서는 말문이 막 힐 수밖에 없다.

국악의 큰줄기인 '민속악'과 '정악'이 무엇인지도 몰랐던, 초 보자 중의 왕초보자였던 내가 국악 콩쿠르를 해야 된다는 것은 비극이었다. 남보다 서너 배는 힘들게 공부하고, 전문가의 도움 으로 업무파악을 하면서 홀로 애태웠던 기억이 새롭다. 책 보고 알 수 있는 것이 정악이고, 전문가에게 물어보고 몸으로 체득해 야 하는 것이 민속악이라고 정의내린다면 국악의 큰 두 줄기의 차이를 제대로 설명하는 것일까?

세상에는 책으로 배울 수 있는 것도 있지만 그렇지 못한 것도 많다. 경연대회는 거의 대부분이 비슷하다고 말하지만, 많은 것 을 준비해야 하는 관계로 콩쿠르의 특징과 악기 내용에 대해서 잘 알아 두어야 한다. 국악을 음악적으로 아는 일보다 행사로서 어떻게 이해하고 해석해야 되는지를 정확히 공부해야만 제대로 행사를 치를 수 있다.

나는 국악경연대회를 치르면서 우리의 학교 음악교육이 얼마 나 부실한가를 실감할 수 있었다. 나는 농촌에서 태어나고 살았 지만 겨우 꽹가리나 징 정도밖에 구분하지 못한다. 도대체 국악 이나 국악기에 대해서 배운 바가 없는 것이다. 그러니 정악이 뭔 지 민속악이 어떤 것인지 알 수 없지 않은가? 서양 음악은 가르 치는데 왜 우리의 음악은 가르치지 않는지 내가 학교에서 조금 만 배웠어도 그렇게 힘들지는 않았을 것이다. 나는 우리 음악을 어린 시절부터 교육시켜야 한다고 생각한다.

음악이나 미술은 교육방식이 선생님과 제자의 도제교육 형태 를 취하기 때문에 자연스럽게 이로 인한 계보가 발생한다. 이러 한 계보는 좋은 점도 많지만 경연대회에서 심사의 공정성을 확 보하는 데 많은 장애를 가져다 준다. 심사위원이 불공정하다기보다는 연주자가 선생님이 가르쳐준 대로 연주를 하면 점수를 잘 줄 수밖에 없는 것이다.

예술의 세계는 각자의 음악적 해석이 전혀 다를 수 있다. 물론 공통적인 생각이 있을 수 있지만, 다른 해석과 견해를 분명히 인정하여야 한다. 경연시 순수음악의 경우는 기악보다는 성악이 더 심한 차이를 보인다.

대중가요를 예로 들어보자. 가수 패티킴이나 양희은 씨, 이미자 씨 모두 노래를 잘 부른다. 서로의 창법이 다르고 음악적 색깔이 다를 뿐이다. 이미자 씨 노래를 좋아하는 사람은 그녀가 최고이고, 패티킴의 노래를 좋아하는 사람은 또 그녀가 최고이다. 드라마틱 소프라노를 좋아하는 사람, 릴릭 소프라노를 좋아하는 사람, 모두 각기 생각이 다르며 또 각자 자신이 좋아하는 목소리를 가진 가수를 최고라고 생각한다. 음악뿐만 아니라 모든 예술은 사람마다 각기 선호가 다르며 음악적·예술적인 해석이 다른 것이다.

나도 처음에 국악경연대회의 심사에 대한 공정성을 확보해 보겠다고 학교 때 배운 순열 조합을 동원하여 여러 가지 경우의 수를 놓고 심사표를 2, 3백 개 정도는 족히 만들어 보았다. 심사 방법에 관한 대표적인 것이 점수제와 가부(可否)제, 등위제이다. 어느 것도 완벽한 방법은 없으며 장단점이 있다.

경연대회를 준비하는 사람들은 악기, 전공, 학교, 계보의 안배 등 사전에 안전장치를 제도적으로 고려해야 하지만 결국 심사위원을 믿는 것이 최선이라고 생각한다. 무엇보다 그 경연대회에서 심사를 맡는 것이 심사위원에게 영예가 될 수 있도록 한다면 우리는 그 심사를 믿어도 될 것이다.

방송에 관하여 사람들마다 생각이 많겠지만 특히 생방송은 시간과의 싸움이다. 이 경연대회 본선 전체를 생방송으로 하기 때문에 준비하는 사람은 고통스럽다. 정확히 시간에 맞추려면 공연 준비를 오차 없이 치밀하게 준비해야 한다. 또 단순히 경연에만 그치는 것이 아니라 생방송 공연형태로 꾸미기 때문에 관객을 동원해야만 한다. 관객이 없는 공연이란 얼마나 쓸쓸한 것인가? 그러나 국악공연에서는 사물놀이나 판소리 공연을 제외하면 관객동원이 어려운 것이 현실이다. 우리의 음악이지만 들어본 일이 없으니까 관객이 많을 리가 없는 것이다.

국악공연 때는 관객동원을 위해 공연장 근처의 대규모 주택단지를 중심으로 한 현장 홍보활동, 초파일에 사원에서 전단 뿌리기, 노인정, 학교 등 오로지 부지런함을 무기로 해서 몸으로 때우는 일은 거의 대부분 해보았다. 그러나 현재까지 별 묘안이 없는 실정이다.

나는 1990년경 국악경연대회를 처음 시작할 무렵에 관객을 확보하기 위해 국악고등학교 윤미용 교장한테 가서 "나는 국악과 출신도 아니고, 국악을 하는 집안도 아니며 국악을 즐겨 듣는 매니아도 아니다. 국악의 계명도 악기도 모르는 것이 자랑은 아니지만 이런 왕초보자가 국악을 위해서 뭔가를 해보겠다고 이리 뛰고 저리 뛰고 하는데 국악분야에 몸 담고 계신 분들이 좀 도와 주셔야 하지 않겠느냐"고 지원 요청겸 항의겸 해서 볼멘 소리를 한 적이 있다.

국악고등학교를 졸업하거나 국악을 전공하였어도 전부 연주자가 되는 것은 아니므로, 정말 국악을 좋아하는 관객 확보를 위하여 이런 사람들의 명단을 확보, 관객화하는 작업이 필요하며 특별히 어린이들에게 국악 교육을 시켜 예비관객을 많이 확보하는 것도 국악의 대중화에 큰 도움이 될 수 있다고 생각한다.

나의 편견일 수도 있지만 우리나라 국악인들은 다른 사람의 공연에는 잘 다니지 않는 듯하다. 더구나 전공분야가 다르면 더욱 심한 듯하다. 국악인들 스스로가 연주회에 많이 가보고 자신의 연주와 비교하여 이를 자기발전을 위한 밑거름으로 삼아야 하지 않을까?

공연 콩쿠르를 진행하면서 가장 어려운 점은 아마 어떻게 하면 결과 발표까지 사람들의 관심과 긴장감을 유지하면서 자연스럽게 환호로 이어지도록 할 수 있는가하는 문제일 것이다.

쉬운 것은 없다. 이벤트 기획자는 많은 고민을 하여 좋은 아이디어를 짜내야 한다. 실험적이고 모험적인 방법을 계속 개발하여 언제나 신선한 즐거움을 줄 수 있도록 해야 한다.

서양의 순수음악 연주회에 가면 기침소리 한 번 제대로 낼 수 없다. 하지만 국악은 아니다. 연주중에 고수의 몫이긴 하지만 추임새가 들어가야 할 만큼 주변과의 호흡이 필요한 음악이다. 음악이 즐기는 것이라면 이런 의미에서 국악만큼 우리의 생활에 밀착된 예술은 없다고 생각한다. 즐기다 보면 서양의 음악보다 훨씬 인간적인 면이 많은 우리 음악인데, 즐기는 사람이 적은 것이 안타까울 뿐이다.

음악 전문가가 아니어서 평할 수는 없지만 우리의 국악이 대학생들의 시위 집회에서 오히려 성공을 거두었음을 어떻게 이해해야 할지는 생각해 볼 만한 대목이다. 서양음악을 즐기고 대중음악을 즐기는 것도 좋지만 보다 많은 사람이 국악을 즐겼으면 한다. 호기심이 아닌 우리의 생활로서 국악을 즐기는 삶이 되기를 소망한다.

우리는 88서울올림픽의 그 감동적인 개막식과 폐막식을 기억한다. 결국 우리는 세계에 우리의 음악과 몸짓으로 우리의 문화를 선보여 훌륭한 이벤트를 연출해 보이지 않았던가.

우리 것이다. 국악을 사랑하자.

조수미 산책

지금은 세계적인 소프라노가 된 조수미 씨를 처음 본 것은 88서울올림픽 문화예술축전 음악제의 한 프로그램인 '조수미 리사이틀' 때였다. 나의 음악계에 대한 안목이나 지인(知人)은 한계가 있어서 지금도 음악가들을 많이 아는 편은 못 되지만, 당시만 하여도 조수미 씨에 대해서는 듣거나 아는 바가 없었다. 그런데 음악기획을 담당하였던 이문태 씨가 이태리 스카라좌에 정말 노래 잘하는 소프라노가 있다며 리사이틀을 한 번 해보자는 제안을 하였다. 잘 알려져 있지 않지만 세계에 흩어져 있는 실력있는 한국인 음악가의 연주회를 기획·구성한 올림픽 문화예술축전에는 이렇게 해서 '조수미 리사이틀'이 포함되었다.

이벤트를 하는 사람들은 자신이 주관하는 행사를 건성으로 보는 경향이 있다. 행사의 진행에 실수가 없도록 거기다 온 정신을 집중하다보면 출연자가 잘하는지, 스태프는 실수가 없는지, 관객의 반응은 어떤지 등에만 관심이 쏠려 있지 공연 그 자체를 즐길 만한 여유가 없기 때문이다. 나 역시 사람이 못나서인지, 여유가 없어서인지 그렇지 않으면 기본적으로 사람됨의 그릇이 작아서인지 알 수 없지만 내가 기획하는 공연에서 마음놓고 즐겨 본 적이 불행하게도 한 번도 없다.

음악을 사랑하고 즐기는 공연 이벤트 연출자 대부분은 자신이 기획한 음악회에 가기보다는 자신과 관계가 없는 연주회에 가서 음악을 즐기는 사람들이 많다. 나도 공연을 매우 좋아하는 편이다. 그러나 어떤 공연이든 그 자체가 가지는 고도의 예술적인 감상을 누리기에는 아직 나 스스로 부족함이 많다. 하지만 공연은 나에게 편안함과 생각할 수 있는 여유와 감동과 기쁨을 주기에 자주 찾는다.

사실 당시 조수미 씨의 공연에 대해서는 그냥 듣기에 잘하는 노래이구나 하는 생각만 들었지 확실한 판단이 없었다. 그러나 그녀가 후에 훌륭한 기량을 발휘하여 점점 유명해지고 더구나 세계적인 지휘자인 카라얀에게 "신이 내린 목소리"라는 찬사를 듣게 되었을 때 나의 기쁨은 여간 큰 것이 아니었다. 내가 그런 조수미 씨의 한국 최초 공연을 실무자로서 진행을 했다는 것은 생각만으로도 기분 좋은 일임에 틀림없다.

학교 음악수업에서 소프라노의 종류를 가르치는 것이 그렇게 중요한 일은 아니라고 생각하지만 소프라노를 소프라노, 메조소프라노뿐만 아니라 릴릭이다 드라마틱이다 해서 그렇게 복잡하게 구분한다는 것을 나 역시 조수미 씨 리사이틀을 하기 전까지는 까마득히 몰랐다. 그렇다고 학교에서 음악을 듣고 즐기는 법을 배운 것도 아니고, 우리나라의 음악 교육은 조금 잘못되지 않았나 싶다.

어찌 되었든 내가 하고 싶은 말은, 연주회에서 본 조수미 씨는 강렬한 힘 속에 부드럽고 서정적이며 아름다운 목소리를 가진 성악가라는 것, 조그만 체구에서 어떻게 그런 아름답고 힘이 넘치는 소리가 나오는지 연구해 볼 만한 가치가 있으며 그녀의 노래는 사람들로 하여금 감동을 가지게 한다는 것이다.

사람이 살다보면 어디선가 만나게 되는 법이다. 조수미 씨는 성악가이고 나는 이벤트 연출자이니까 어떻든 이래저래 만날 법도 했는데 그 후로는 연주 잘한다는 뉴스와 연주회장에서 몇 번 본 것 외에는 직접 얼굴 맞닥뜨릴 일이 없었다.

그러다가 1996년 3월 조수미 씨가 우리 회사에서 실시하는 '제5회 KBS 해외 동포상'의 수상자로 선정되어 아주 오랜만에 그녀를 연주장이 아닌 김포공항에서 만나게 되었다. 수많은 사람을 만나야 하는 그녀가 나를 기억할 리 없을 것 같아 첫대면의 서먹함을 없애려고 1988년 한국에서 가졌던 조수미 씨 최초의 리사이틀 이야기를 하였더니 그녀는 굉장히 반가워하였다.

저녁에 있었던 공식 상견례 때에는 마치 오랫동안 서로 알고 있었던 사람처럼 포옹하며 인사를 하여 오히려 내가 당황했을 정도이다.

그녀를 보면 스타라는 말이 정말 잘 어울린다는 것과 굳이 성악을 하지 않았어도 성공했을 사람이라는 생각이 저절로 든다. 나의 얼마 되지 않는 삶의 경험으로는 자기 자신에게 충실하고, 적극적인 사고를 가지고 있으며, 다른 사람을 배려할 줄 알고, 자신이 생각한 바를 실천에 옮기는 힘이 있는 사람들 중에서 성공한 사람들이 많았다.

수상자들에게 특전으로 주어지는 제주도 위로여행에 조수미 씨와 동행했던 이덕차 씨의 이야기로는 여행중에도 쉬지 않고 연습하는 '연습벌레'라고 하였다. 정상에 섰음에도 자만하지 않고 꾸준히 연습하여 보다 좋은 공연을 보여주겠다는 그녀의 의지가 성장의 원동력이 되었는지도 모른다. 그녀를 보면 삶의 부수적인 조건들은 성공에 아무런 장애요건이 되지 않는다고 생각된다. 조건들에 대해서 변명하지 않고 최선을 다해서 긍정적으로 그리고 적극적으로 일하는 것이 보다 중요하다고 여겨진다. 그것이 우리의 삶을 진정으로 풍요롭고 아름답게 할 것이다.

음악제 여행

모든 일은 상식적이고 합리적인 바탕 위에서 결정해야 함에도 불구하고 실제로 우리의 현실은 그렇지 못하다. 오랜 군사문화를 거쳐온 결과인지는 알 수 없지만, 논리의 근거나 구성원들간의 합의 도출 대신 높으신 분의 생각이나 판단에 따라 사안이 결정되고 있다. 특히 공조직에서 이러한 경향이 강하다. 이런 관행이 옛날 호랑이 담배 피우던 시절의 이야기라고 생각하는 사람이 있을지 몰라도 나는 예나 지금이나 별반 차이가 없다고 생각한다. 우리 회사에 근무하는 어느 사람의 말대로 아직도 우리나라의 윗분들은 지위가 높아지면 머리도 좋아진다고 생각하는지 모르겠다.

‘서울국제음악제’도 전형적인 이런 관행의 예다. 당시 문예진흥원이 잘 진행하고 있던 이 행사는 어느 날 고위층의 오찬인지 만찬인지 하는 자리에서 ‘대한민국음악제’를 KBS에서 했으면 좋겠다는 말 한 마디 때문에 갑자기 우리 회사로 넘어온 그런 음악제이다.

‘서울국제음악제’의 이름만 하여도 ‘광복음악제’에서 ‘대한민국음악제’ 그리고 ‘서울국제음악제’로 바뀌었다. 주최기관도 정부에서 문예진홍원으로, KBS로 그리고 한국음악협회로 바뀌었다가 지금은 재정적인 문제로 예술의 전당에서 실시하고 있다.

음악협회로 넘어 갈 때는 협회에서 스스로 해보겠다고 음악제를 달라고 한 것이니까 비교적 상식적으로 결정된 것이라고 생각한다.

요즘은 거의 모든 행사가 사전 예약이 되어 있어야만 실제로 치러질 가능성이 있다. 국제음악행사는 최소한 1~2년 전에는 출연계약이 이루어져야만 개최할 수 있고, 우리나라도 세종문화회관이나 예술의 전당 등 쓸 만한 공연장은 1년이나 최소한 6개월 전에는 예약을 해야 한다.

즉흥적인 생각으로 일을 기획해서는 안된다. 부끄럽지 않은 음악제를 개최하려면 몇 년 전부터 준비해야 한다. 그런데 우리나라의 윗분들은 이런 사정을 아는지 모르는지 그저 명령만 내리면 모든 것이 이루어지는 것으로 아나 보다.

우리가 국제사회에서 별 인정을 받지 못하는 이유야 여러 가지가 있겠지만 그 중 하나가 바로 이런 무리한 발상 때문일 것이다. 아랫사람으로서는 명령을 받았으니 성사는 시켜야겠고, 못하면 능력에 문제가 있는 것처럼 보이니까 나중에야 어떻게 되든 일단 무조건 하고 보자는 생각이 든다. 그 때문에 무리한 요구사항을 수용해야 하고 굴욕적인 계약조건이라도 받아들이게 되는 것이다.

그 다음 사람은 더욱 불리한 조건에서 행사를 치러야 한다.

계약할 때 전임자의 조건을 가지고 전례를 내세우면 할 말이 없어질 때가 많다. 시간이 조금 있다면 대안도 찾아볼 수 있고 유리한 입장에서 협상을 하거나 계약을 체결할 수도 있다. 그리고 조건이 맞지 않으면 당연히 '노'라고 말할 수도 있다. 우리가 문화를 수입하는 것이니만큼 국제적인 관례를 존중하면서 협상을 한다면 보다 좋은 공연을 많은 사람들에게 보여줄 수 있을 것이다.

위에서 음악제를 KBS에서 추진하라는 지엄한 분부가 떨어졌으나 당장 막막하기만 했다. 인수단이라고 할 것도 없이 이광주 차장과 함께 음악제를 인수하러 문예진흥원에 갔다. 그곳에서 처음 뵌 분이 바로 문예진흥원의 임동지 부장과 신동화 차장이었다.

처음 만난 자리에서 문예진흥원 사람들의 첫 질문은 "음악제를 해본 경험이 있으십니까?"였다. 우리가 "없습니다"라고 대답하자 그분들이 지었던 그 황당한 표정이란….

문예진흥원 측에서는 그래도 KBS에 다니는 정예부대들이니까 잘할 수 있으려니 하고 생각했을지도 모른다. 그런데 정작 나타난 사람들이 음악제라고는 근처도 못 가본 맹탕들이었으니 기절초풍할 만했다고 생각한다. 속으로 '뭐, 음악제 하러 왔다고? 음악제 아무나 하나' 그랬을지도 모른다. 오랜 시간이 지난 지금, 내가 생각해도 정말 어처구니 없는 일이었다.

음악제를 그저 날치기 단발 프로그램 정도로 생각하고, 출연자 구해서 하면 될 것 아닌가 하는 생각을 지금도 우리 조직의 지위 높으신 분들은 할지 모른다. 하지만 음악제뿐만 아니라 이벤트 전반에서 경험은 매우 중요하다. 음악제는 시간과 장소 그리고 출연자가 섭외되면 할 수 있는 단발 초청공연과는 분명 다르며 또 달라야 한다.

음악제를 개최하려면 주제와 테마(theme)를 잡고 컨셉(concept)을 정해야 한다. 날짜를 정하고, 장소와 예산을 확보해야 하며, 프로그램을 어떻게 구성할지 정해야 한다. 이외에도 출연자를 결정하고, 섭외하고, 예약하고, 홍보물 만들고 등등 할 일이 태산같이 많다. 그러나 음악제는 이러한 실무적인 것말고도 메시지를 담아야 하고 음악의 흐름을 파악하고 미래를 준비하여야 한다는 사실을 잊어서는 안된다.

그때는 참으로 앞이 캄캄했었다. 이야기를 듣고 아무리 통박을 굴려봐도 도대체 묘안이 없었다. 한편으로는 실수도 하고 한편으로는 문화예술진흥원 사람들에게 일을 배워가며 추진했다. 그 해 음악제는 문예진흥원과 합작하여 그야말로 눈썹 휘날리게 뛰어 무사히 치를 수 있었다. 다행히 사람 잘 만나 일을 제대로 배운 탓으로 이듬해부터는 '서울국제음악제'를 KBS측에서 독자적으로 무사히 열 수 있었다.

사실 음악제 한 번 잘 치르는 것은 문제가 아니다.

그러나 지금 생각해도 부끄러운 것은 우리의 서울국제음악제에 관한 기록을 체계적으로 확보하지 못하고 있다는 것이다. 음악제 기획서, 연주자, 출연자들, 관객관계, 홍보물 등 음악제의 역사가 될 수 있는 자료를 정리해 두지 못했다는 것은, 세월이 가고 사람이 바뀌면 그것으로 끝나버리는 우리의 단세포적인 단면을 그대로 보여주는 대목이다. 나중에 이 음악제의 정신과 지향 방향이나 궤적을 살펴 세계에 자랑하려고 할 때 제대로 정리된 자료조차 없는 것은 우리의 수치가 될 수 있을 것이다.

무슨 일이든 단기간에 반짝하는 일이 근본이 되어서는 안된다. '가수'라는 이름으로 불리기 위해서는 그래도 히트곡 몇 개는 내놓아야 하는 것이 아닌가? 곡 하나 히트했다고 해서 가수라고 불려져서는 안된다.

반드시 음악제 문제만은 아니지만 이제 우리나라도 사람이 바뀌었다고 큰 일의 뿌리가 송두리째 흔들리는 일은 없어져야 한다. 사람과 세월이 바뀌어도 우리가 추구하는 궁극적인 목표는 변치 않고 진행되어야 한다. 그러기 위해서는 다른 사람이 한 것은 모두가 틀리고, 내가 있을 때 뭔가를 해야 한다는, 그런 단세포적인 생각을 배격해야 한다. 그것이야말로 우리가 경계해 온 문화 후진국의 근성이 아닌가? 무슨 일 하나 반짝 잘하면 모든 것을 얻을 수 있는 세상이 되어서는 안되는 것이다.

서양음악을 수입한 지 1백 년이 넘었고 세계적인 음악가도 배출하고 있는 우리의 음악 토양에서 우리 얼굴을 가진 음악제가 없다는 것은 문화적으로 슬픈 일이다. 모차르트의 고향으로도 유명하지만 음악제로 더욱 유명한 오스트리아 ‘잘츠부르크음악제’처럼 우리도 튼튼한 음악적 기반을 가진 음악제를 만들어야 한다고 생각한다.

우리가 비록 서양음악을 수입하긴 하였지만 앞으로 1백 년 후에는 ‘잘츠부르크음악제’보다 더 음악정신이 깃든 음악제를 열 수 있도록 지금부터 준비하여야 할 것이다. 한두 해 반짝하고 마는 그런 음악제가 아니고 세월이 갈수록 빛나는 그런 음악제를 가져야 한다. 그곳에 가면 서양의 음악 속에서 동양의 정신을 만날 수 있는, 우리 얼굴을 가진 음악제를 세계 무대에 내놓아야 한다. 끊임없이 추구하는 음악정신이 있는 우리의 음악제를 만들어야 한다. 그것이야말로 음악제를 준비하는 사람들의 진정한 사명이 아닌가 생각한다.

좋은 음악제를 만들기 위해서는 지방자치단체와 정부, 전문가 그룹과 민간이 공동으로 노력해야 한다. 항상 군림하고 규제하고 행정편의 위주로 일하는 관행 때문에 관 중심은 무조건 나쁜 것이라는 인상을 가지고 있음은 사실이다. 그러나 음악제를 개최하려면 정부나 지방자치단체의 지원이 반드시 필요하다. 관이 정치정략적인 목적이나 의도를 가지고 하는 것이 아니라면 관과 민이 서로 협력하는 것이 가장 바람직한 일이라고 생각한다.

음악을 진정으로 사랑하는 사람들이 기쁘고 즐거운 마음으로 음악여행을 할 수 있다면 그 음악제는 정말 좋은 음악제일 것이다. 그리고 우리는 그것을 해내야 한다.

눈 축제

삿포로의 눈은 또 다른 분위기를 연출하고 있었다.

세계 어느 곳에나 내리는 눈은 같겠지만 그 양이나 자연 환경에 따라서 사람들은 다른 분위기를 느낄 것이다. 짙은 암갈색의 산림과 화산암으로 이루어진 삿포로의 땅은, 차가운 겨울 바다의 물기를 머금어 흑갈색이었고 그것은 하얀 눈과 대비를 보이며 묘한 조화를 이루었다. 그것은 우리 산하에 눈 내리는 것과는 분명 달랐다. 휘몰아치는 세찬 겨울바람에 쏟아붓듯이 눈이 내리는 풍경은 나그네의 마음을 사로잡기에 충분했다. 거리를 달리는 자동차들의 헤드라이트는 마치 자연을 배경으로 한 눈 공연장의 조명 같았다.

눈의 터널이었다.

눈, 눈 구경, 태어나서 그때처럼 많은 눈을 본 적이 없었다. 웬만큼 키 큰 사람의 두 배 정도는 족히 쌓여진 눈은 입을 다물지 못할 정도였다.

이벤트를 하는 사람은 사실, 타인의 이벤트를 많이 관람하여야 함에도 불구하고, 남의 축제를 구경할 수 있는 기회가 쉽사리 주어지지 않는다. 더구나 세계적인 축제를 볼 수 있는 행운은 쉽게 오지 않는다.

　내가 일본 북해도를 방문한 기간 중에 운 좋게도 유키 마츠리 (雪祝際)가 열리고 있었다. 삿포로 시내의 한복판을 가로지르는 중심 도로를 따라 눈으로 만든 모자상(母子像), 여인, 동물모양, 눈의 궁전 등 아름다운 눈조각의 정경들이 끝없이 펼쳐져 있었다. 상상할 수 있는 갖가지 조형물로 만든 풍경은 눈 축제에 참가한 거의 모든 사람들을 행복하게 만들었다. 더욱이 거리와 행사장의 조명이 하나 둘 켜지기 시작하자 눈 조각들은 신비와 아름다움 그 자체였다.

　나는 그 모든 풍경들을 놓칠세라 매서운 북해도의 차가움 속에서 손발을 녹여 가며 밤늦게까지 눈조각의 아름다움을 가슴속에 담으려 했다. 눈 축제는 어떻게 만들지고 무엇을 표현하고자 하는 것이며 삿포로의 눈 축제가 왜 세계적으로 유명해졌는지를 알지 못하면 큰일나는 듯이 헤집고 다녔다.

　사람들에게는 자기 고집에 빠져 남의 것을 잘 보지 않으려고 하는 경향이 있다. 그러나 타인의 이벤트를 여행하는 것은 결국 자신의 이벤트 영역을 넓혀가는 일이다. 자신의 이벤트를 보다 잘 만들기 위해서는 다른 사람들이 준비한 이벤트에 참가하는 것은 큰 도움이 된다.

　우리는 모방이나 답습을 통해서 새로운 것을 만들어 간다. 살아가면서 이 세상의 모든 일을 다 경험해 볼 수는 없겠지만 다른 사람의 기획을 보거나 참여함으로써 간접 경험을 할 수는 있다. 다른 사람들이 개최하는 이벤트를 참관하여 자신의 것으로 재창조하는 것은 기쁨이다. 그리고 이것은 이벤트를 하는 사람들에게는 매우 중요한 것이다.

　유키 마츠리는 나를 잠시 눈에 대한 회상의 세계로 몰아간다.

　우리의 어린 시절 추억에는 함박눈 내리는 날의 이야기가 하나씩 간직되어 있다. 눈 내리는 날에는 그 얼어붙은 얼음산이 수

억 년을 보관해 왔던 비밀이나 내밀한 이야기를 들을 수 있는 기회를 갖게 될지 모른다. 그것은 아름다운 추억이며 그리움의 원형이다.

눈은 겨울의 축복이다.

차갑고 싸늘한 겨울에 눈이 없다면 세상은 얼마나 삭막할까. 눈이 내리면 사람들이 동심으로 돌아가는 것은 눈이 가지는 서정 때문일 것이다. 눈이 내리는 날이면 어김없이 고향 생각이 난다. 눈이 오면 추운 줄도 모르고 동네 아이들과 온 들판을 쏘다니곤 했는데 그때는 쏘다니는 것 자체가 즐거움이었다.

회색빛 도시의 색깔과도 오묘한 조화를 이루는 눈은 따스함이다. 차가운 도시의 건물 속에서 차가운 겨울 날씨 속에서 오히려 포근함이다. 햇살보다도 더 따사로운 포근함이다.

도시의 회색빛 벼랑으로 곤두박질하는 눈송이는 바라보는 것만으로도 큰 기쁨이다. 공중제비를 하다가 건물의 모퉁이를 선회비행하곤 갑자기 곤두박질하고 그러다가는 유유자적하게 하느적거리는 그 모습은 어쩌면 예술이다.

눈발은 달리는 차창으로 쏜살같이 다가왔다가는 고양이보다도 날렵한 몸짓으로 사뿐히 차창을 넘어간다. 이 삭막한 도시의 한 귀퉁이를 돌고 있는 우리들의 마음이 잠시라도 고향의 언저리쯤이라도 갈 수 있는 날은 영낙없이 눈이 내리는 날이다.

이러한 정경들이 있어 우리는 눈을 사랑하고 계절을 사랑하는지 모른다. 설국에서 본 눈은 이국의 황량함과 겨울의 차거움마저도 따스한 온기로 나의 마음을 가득히 채웠다.

우리나라에도 눈이 많이 내리는 고장들이 있다. 일본의 유키마츠리를 보면서, 낭만과 서정이 넘치고 세계적으로 이름을 떨칠 수 있는 우리의 눈 축제가 있었으면 하는 개인적인 아쉬움을 가졌다.

어릴 적부터 가졌던 나의 작은 소망 하나가 눈이 많이 내리는 곳을 여행하는 것이었는데 그 꿈을 이룬 셈이었다. 북해도의 노천 온천에 몸을 담궜다가 눈 쌓인 노천에서 하늘을 바라보고 큰 대(大)자로 눈속에 파묻혀 본 경험은 지금 떠올려도 짜릿하다.

자연의 특성을 살린 축제가 일본의 눈 축제에서 시작된 것은 아닐지라도, 주어진 환경을 살려—다만 한 계절이라도—그 아름다움을 축제로 승화시키는 것은 좋은 일이다. 그 아름다움이 전해져서 지금은 우리나라에서도 스키장을 중심으로 양평과 진부령, 대관령 등에서 눈 축제가 행해지고 있다. 타인의 이벤트에서 아이디어를 빌려와 우리 실정에 맞게 새로이 각색하여 우리 것으로 만들어가는 재미도 괜찮을 것이다. 그러나 이왕 모방할 바에는 좀더 깊이 생각하여 원본보다 좋은, 그리고 다른 곳에서는 결코 볼 수 없는 그런 이벤트로 만들어가는 기술과 지혜가 필요하다.

세계의 어느 나라 사람들이건 간에 눈에 대한 생각이나 추억은 나쁘지 않다. 공통적으로 가지고 있는 좋은 소재를 가지고, '추억 만들기'가 될 만한 이벤트를 만드는 것은 이벤트 기획자들의 몫이다.

감동전달, 풍선 그 아름다운 비산

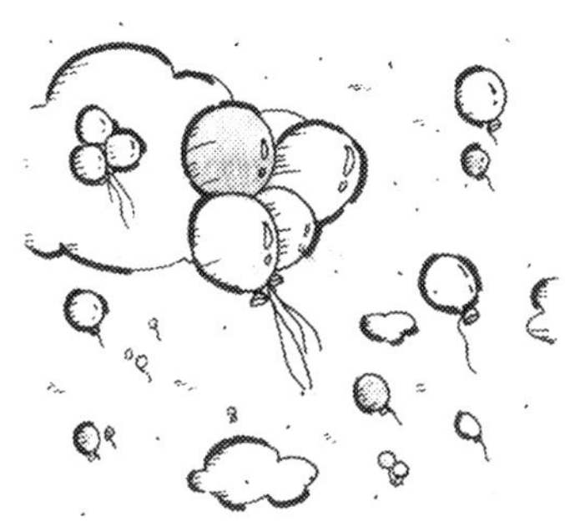

풍선은 부드러움이다. 풍선은 화려함이다. 어릴 적 꿈이 담긴 소박한 화려함이다. 그래서 풍선은 잔칫날에 어김없이 등장하는 장치이다. 행사장에 빨강, 파랑, 초록의 원색으로 장식된 풍선은 사람들의 마음을 부드러움으로 채우고 들뜨게 하며 어김없이 동심의 세계로 안내한다. 풍선은 팡파레와 꽃가루 그리고 아이들과 함께 사람들에게 기쁨으로 연상된다.

풍선의 비산(飛散)은 마치 우리의 희망과 꿈이 두둥실 하늘로 날아가는 듯한 느낌을 준다. 여러분은 잠실 올림픽 주경기장 홍보용 사진에서 주경기장의 지붕 돔에 엇비슷하게 걸쳐 날아가는 풍선과 경기장 돔의 멋진 스카이 라인을 기억할 것이다. 그 홍보용 사진은 주경기장의 개장 기념행사 때에 만들어진 것이다.

1984년에 올림픽 주경기장이 완공되었고 이에 우리 회사와 정부, 그리고 대한체육회가 주축이 되어 개장 기념행사를 실시하였다.

이 개장 기념행사는 올림픽의 개막행사에 준한, 일종의 올림픽 개막식과 뒤이어 벌어지는 아시아경기대회의 리허설로 치러졌다. 많은 행사 기획자들이 전체 행사 중에서 개별 행사의 한 분야씩을 맡아 행사를 기획하고 준비하였다.

여러 식전 행사들 중에 풍선 비산은 국민의례, 비둘기 비산과 함께 개회식 행사의 한 부분으로 김동경 차장이 담당하였다. 인력이 많이 들고 원시적이기는 하지만 여고생들이 한 손에 두세 개씩의 풍선을 들고 주경기장의 데크 아래로 가서 대기하다가 날려보내기로 하였다.

이벤트는 사람들을 위한 것이기에 인간 친화적인 방법은 비용 문제를 제외한다면 적절한 방법이다. 수백 명이 동원된다면 그 비용이 만만치 않겠지만 관중을 이용하여 풍선을 비산할 수도 있고 올림픽 같은 대형 이벤트에서는 풍선 비산 자원봉사자를 공모하여 행사를 홍보할 수도 있으며 경비 문제도 그런 식으로 해결할 수 있을 것이다.

지금도 대통령을 모시고 하는 행사는 경호, 보안문제 등으로 까다롭지만 당시에는 더욱 어려웠다. 풍선을 비산시킬 학생들이 한복으로 갈아 입고 행사에 참여하도록 되어 있었는데 앞서 진행된 매스게임에 참가한 여학생들이 미처 옷을 갈아입지 못하였다. 대통령께서 입장하실 무렵에야 겨우 한복으로 갈아 입은 여학생들이 풍선을 날리기 위해서 주경기장의 데크로 들어가려 하니까 이번에는 경호실 요원이 앞을 가로막는 것이 아닌가.

경호실 요원이 학생들을 움직이지 못하게 하자 우리 회사의 김동경 차장과 경호실 요원과 일대 실랑이가 벌어졌다. 김동경 차장은 경호원에게 대통령도 경호실장도 풍선 비산이 있는 것을 알고 있는데 풍선이 날지 않아 질책이 떨어지면 당신이 책임질 것인가 하고 따졌다고 했다. 여학생이 데크에 들어가서 풍선을 날릴 때 경호에 문제가 생기면 내가 책임지겠다고 마구 큰소리 치며 혼냈다는 것이다. 그때 막강한 권한을 가지고 있는 경호실 을 혼냈다는 것은 확실히 우리들에게는 술 안주감이었다.

우리는 전날 밤을 꼬박 새워 반쯤 가사상태였다. 사람이란 만사가 귀찮을 때는 시키는 대로 하기가 쉽다. 행사 도중 움직일 수 없다는 경호책임자의 지시대로 했다면 올림픽 주경기장 홍보 사진에 풍선이 비산하는 장면은 없었을 것이다. 누가 알아주든 말든 자신이 맡은 일에 최선을 다하는 사람은 곳곳에 있다.

지금도 주경기장의 홍보용 사진을 보면 그때 생각으로 가슴이 설레인다.

파아란 하늘과 풍선, 경기장의 스카이 라인을 비스듬히 걸쳐 날아가던 풍선들.

피곤함도, 경호원과의 실랑이도, 사람들의 환호도 모두 싣고 풍선은 푸른 하늘로 날아갔다. 그때만큼은 대통령도 사마란치도 그 누구도 부럽지 않았다.

작은 일에 대한 성공이 현실로 나타났을 때의 그 짜릿한 쾌감 은 겪어 보지 못한 사람은 모른다. 오직 본인만이 그 감동을 간 직할 수 있는 것이다. 그때를 회상할 때마다 감동으로 가슴이 벅 차오른다. 그 사진을 보는 다른 사람들도 그 아름다움을 느낄 수 있을 것이다.

88서울올림픽 주경기장의 아름다운 돔을 배경으로 풍선이 비 산하는 사진에서 아름다움을 느끼는 사람들은 결국 우리가 선사 하는 감동을 전달받은 것이다.

마리아 칼라스와의 한판승

지금은 우리나라에도 예술의 전당을 비롯하여 세종문화회관 등 좋은 공연장이 많다. 또 웬만한 시에는 예술회관이 있어 지방 공연을 하는 데 큰 어려움이 없다. 그러나 불과 이삼십 년 전만 하여도 우리나라에는 공연장이라고 불릴 만한 것이 몇 개 되지 않았으며 특히 지방에는 쓸 만한 공연장이 거의 없었다.

우리나라가 서양음악을 수입한 지가 일백 년 남짓하다. 이제는 세계 유수의 오케스트라나 성악가의 공연이 해마다 끊이지 않고 열려 웬만한 공연은 그다지 특별하게 여겨지지 않을 정도이다. 그러나 1970년대는 유명한 사람들의 공연이 별로 없었던 시절이었고 그런 때에 마리아 칼라스의 내한 공연은 사람들의 관심을 끌기에 충분하였다.

이 마리아 칼라스의 내한 공연 실무를 맡은 사람이 지금은 고인이 된 우리 회사의 엄창회 부장이었다. 다른 직업에 종사하는 사람들도 마찬가지겠지만 이벤트하는 사람들도 앉으면 자연스럽게 이벤트 이야기를 한다.

어느 술 마시기 좋은 날, 엄 부장과 한 잔하게 되었는데 그때 들은 이야기다.

마리아 칼라스가 대구에서 공연을 했을 때다. 당시 대구에는 아쉬운 대로 쓸 만한 공연장이 대구 시민회관 하나밖에 없었다. 그런데 이 회관은 순수하게 공연을 목적으로 지어진 건물이 아니라 시민회관이라는 이름처럼 다목적으로 이용되던 강당이었다.

마리아 칼라스의 공연이 대구 시민회관에서 성황리에 열리고 있었던 날. 아는 사람도 있겠지만 대구 시민회관의 위치는 대구역으로 들어가는 철길 옆이다. 그리고 대개 기차는 역내로 들어올 때 기적을 울린다. 이 날도 마찬가지였다. 칼라스가 한창 열창을 하고 있는데 기차의 '삐익' 하는 기적소리가 무대까지 들려왔고 그 여운이 채 끝나기도 전에 칼라스는 무대에서 사라져 버렸다. 시간이 지나도 칼라스가 무대에 나타나지 않자 영문을 모르는 청중들은 술렁이기 시작했고 이어 입장료를 반납하라는 아우성이 터지기 시작했다. 이쯤되면 공연 담당자는 등줄기에 땀이 송글송글 배기 시작한다. 엄 부장은 등허리가 서늘하게 느껴졌다고 했다.

엄 부장은 냅다 무대 뒤 대기실로 가서 마리아 칼라스를 설득했다고 한다. "우리나라는 서양음악을 수입한 지가 일백 년밖에 되지 않았고 그래서 제대로 조건을 갖춘 공연장도 부족하다. 우리의 고유한 음악은 아니지만 당신의 노래를 듣기 위해 온 저렇게 많은 청중을 외면할 것인가. 공연을 계속해 달라. 그러면 당신이 공연하는 동안 기차의 기적소리가 다시는 들리지 않도록 하겠다."

대충 이런 사연으로 손이 발이 되도록 사정하여 간신히 칼라스를 다시 무대에 올린 엄 부장. 부랴부랴 대구역으로 전화해서 앞으로 한 시간 동안 대구역에 진입하는 기차가 기적을 울리지 못하도록 해달라고 하여 겨우 공연을 끝낼 수 있었다고 했다.

아마 요즘 대구역에 전화를 걸어 진입하는 기차의 기적소리를 울리지 않게 해달라고 하면 당장에 '미친 놈' 소리를 들을 것이다.

엄창희 부장은 이미 고인이 되셨기 때문에 이 이야기의 진위에 대해서는 지금 확인할 길이 없다. 그러나 초창기에 이 분야에 종사했던 우리의 선배들은 이런 무용담(?)을 하나씩은 가지고 있다. 원래 무엇이든지 초기에는 조금 어리숙하고 진지하고 황당하지 않은가. 지금은 그런 짓을 해서는 안되기도 하겠지만 하고 싶어도 못할 것이다.

나는 선진국이란 보다 상식에 토대를 둔, 예측할 수 있는 일처리를 하는 곳이라고 생각한다. 하지만 우리들이야 이런 무용담을 안주 삼아 술 한 잔 기울이는 맛으로 세상살이를 하는 게 아닌지.

LA에 조직폭력배를 수출하면?

우리 민족은 참으로 웃기는 민족이다. 다른 나라는 어떤지 몰라도 우리나라 사람들처럼 핏줄 따지고, 인연 따지는 민족도 아마 없을 것이다. 미국으로 이민 가서 미국 시민되어 잘 사는 미국한국인(?)이 그곳 폭동사태에 희생되었다고 위로공연·회생(?)공연 기획해서 가는 민족도 그리 흔하지는 않을 테니까.

"미국 로스앤젤레스 경찰국 소속 백인 경찰관들의 흑인 구타 사건인 '로드니 킹 사건'의 가해 경찰관 대부분에게 1992년 4월 29일 무죄가 평결된 데 격분한 흑인들이 로스앤젤레스에서 폭동을 일으켜 3~4일 동안 방화와 구타, 절도, 총격전이 벌어지는 등 무법사태가 연출됐다. 로스앤젤레스 당국은 시 전역에 비상사태를 선포했으며 주 방위군과 연방군이 투입돼 사태가 가까스로 진정됐다. 이 과정에서 흑인들과 함께 히스패닉계들이 가담한 이 폭동은 한국인과 한인점포가 주공격대상이 되어 한인점포 1,700개가 방화·약탈당하고 재산피해는 3억 달러에 달했으며 2명이 숨지고 수십 명이 부상하는 인명 피해를 냈다."

그런 이유로 LA에 사는 우리 교포들을 위한 공연이 기획되었다. KBS가 미국현지에 출자하여 설립한 회사인 KTE에 공연기획서를 보내주고 공연장 대관을 의뢰하였다. 운 좋게도 우리는 슈라인 오디토리움(미국 아카데미 시상식이 열리는 공연장)을 대관할 수 있었다. 조급하게 공연을 기획하였지만 준비는 차질 없이 진행됐다.

그런데 문제는 전혀 엉뚱한 곳에서 발생하고 있었다. 큰 공연은 언제나 약간씩의 문제와 어려움을 안고 출발하는 법이다.

당시에 우리 회사의 어느 프로듀서가 미국 대통령도 어쩔 수 없다는 뉴욕의 할렘가를 촬영하여 방송을 한 것이다. 물론 미국의 치부이긴 해도 방송은 할 수 있다. 하지만 이 프로듀서가 절차를 무시한 것이 화근이 된 것이다. 미국에 관광 비자를 받아 가지고 가서 방송 프로그램을 제작한 것이다. 이로 인해 우리 회사와 미국 대사관의 불편한 관계가 지속되었고 이번만큼은 사태가 상당히 심각한 형편이었다.

우리 공연단이 미국 입국비자를 신청하여도 수용되지 않았다. 이 일로 정관영 사업부장과 이성원 프로듀서가 미국에까지 출장을 갔으나 이민국에서는 주한 미국대사관의 업무라며 비자발급에 대한 명쾌한 답변을 주지 않아 결국 되돌아오고 말았다. 다른 방편으로 우리 회사의 국제협력실에서 미국 대사관의 언론담당 문정관을 통해 이 문제를 해결하려고 노력하였으나 이 역시 실패했다. 모든 준비가 완료되었는데 비자 문제는 해결되지 않고 공연 날짜는 코앞에 임박해 왔다.

나는 우리 회사의 공식적인 창구를 포기하고 아주 절박한 심정으로 미국 대사관에 직접 전화하였다. 공연비자(performance VISA)담당 영사와 이야기하고 싶다고 만나줄 것을 요청하였다. 어렵게 약속을 받아낸 나는 공연비자 담당 영사를 직접 만날 수 있었고 영사한테 대관계약서를 보여주며 공연의 목적, 준비상황 등을 설명하였다.

이번 공연은 '평화, 화합 그리고 전진을 위한 공연'(Concert for

Peace, Harmoney and Progress)이라는 주제에서 알 수 있듯이 이 것을 기회로 하여 흑인과 히스패닉, 한국인 사회의 새로운 출발점을 찾아보려는 것이다. 영사께서 미국의 국익을 위해서도 이번 공연을 도와주어야 한다고 간곡히 설득했다. 이런 내용의 설득이 주효하였는지 운이 좋았는지는 알 수 없지만 정말 우여곡절 끝에 비자를 'OK' 받아 육십여 명의 우리 공연단은 무사히 미국 공연을 갈 수 있었다.

어려움 속에서도 공연은 무사히 그리고 성공적으로 개최되었다. 이 공연이 그들에게 어떤 의미를 주었는지 사실 잘 모른다. 그러나 재미교포들에게 그들을 후원하고 지원하는 조국이 존재한다는 의미는 주었으리라 생각한다. 우리 속담에 "소도 언덕이 있어야 비빈다"라는 말이 있지 않은가. 욕심을 내자면 한이 없지만 그들이 등을 비비고 기댈 수 있는 곳이 있다는 것을 확인시켜 준 것으로 위안이 되었으리라 생각한다.

이 공연은 개인적으로 많은 생각을 하게 하였다. 이번 사태는 엄밀히 말하자면 미국내의 '흑백'간의 갈등이었다. 흑백의 갈등 표현이 히스패닉계로 확대되어 LA 코리안타운이 습격을 당한 것이다. 그리고 한국인들이 보다 많은 피해를 입게 되었다.

언론은 한국의 이민자들이 마치 커다란 문제를 갖고 있어 큰 피해를 당한 것처럼 대서 특필하였다. 그런 시각이 물론 전혀 터무니없는 것만은 아닐 것이다. 그러나 흑백간의 갈등을 언론이 희석시켜 한국인과 흑인의 갈등으로 묘사, 본질을 흐리게 만든 것도 사실이다.

언론의 표현대로라면 한국인만 흑인들이나 히스패닉에게 기여하지 못했을까? 이는 중국인이나 일본인, 기타 아시아계도 마찬가지가 아닌지 따져 봐야 한다. 그러한 검증도 없이 미국 언론의 잘못된 시각으로 얼마나 많은 사람들이 고통을 받았던가. 거기다 우리의 언론까지 아무런 여과 없이, 비판 없이 미국의 시각을 그대로 따라 보도한 것이 더욱 분노를 자아내게 하였다.

　나는 언론의 본질 흐리기란 후진국의 부패권력에 의해 일어나는 것이라고만 생각했는데, 선진국인 미국 역시 다를 게 없었던 것이다. 이는 자국의 이익을 위해서 자신의 치부를 덮어 두는 일에 소위 지식인들 모두가 귀막고 눈막고 함께 동참해서 행한 편견과 오만이 아니었던가? 우리의 언론의 편파·왜곡 보도도 문제지만 미국과 같은 선진국에서도 자국의 이익을 위해서 엄연히 이런 일들이 자행하고 있다는 사실에 나는 씁쓸한 생각을 떨칠 수 없었다.

　진위 여부는 따로하고 우스운 것은 차이나타운이나 일본타운이라고 하여 히스패닉이나 흑인들이 습격을 하지 않은 것은 아니었다. 그런데 그들 타운에는 조직깡패가 있어 흑인이나 히스패닉계가 침입하는 것을 막아 주었다고 한다. 일본타운에 침입한 히스패닉은 육회가 되어 길바닥에 던져졌고, 차이나타운의 침입자들은 목이 잘린 채 장대에 매달려 감히 겁이나 들어가지 못했다고 현지 우리 교민이 이야기해 주었다. 이 이야기는 시사하는 바가 크다고 할 수 있다.

　코리아타운의 한국 해병대 출신들이 자기 방어를 위해 사람들을 고용하면서까지 적극적으로 자위책을 강구하여 피해를 줄였다는 것만 보아도 그 말이 이해가 되었다. 대응 과정에서 피도 흘렸을 것이다. 우리의 정서로는 조금 이해하기 힘들지만, 우리 교민들이 충분한 자구책을 강구하여 미국의 서부개척사식으로 대처한 것에 대해서 그 후에도 과격행위를 했다고 시비하는 사람들을 보지 못했다.

　로마에 가면 로마법을 따르라는 격언같이 미국이니까 차라리 미국식으로 대응하기를 주저하지 않았다면 피해를 더 줄일 수 있었으리라 생각한다. 또 언론으로부터 한인들과 흑인들의 갈등 때문이라고 매도당하지 않았을 수도 있다는 생각이 들었다.

당시 우리나라는 조직깡패 문제로 떠들썩했었는데 차라리 이들을 코리아타운으로 수출(?)했다면 어땠을까 하는 어리석은 생각을 하며 혼자 씁쓸한 웃음을 금치 못한다.

풍년을 기원하는 풍년축제

지금은 배부르다는 말에 더 이상 의미를 부여할 수 없는 세상이 되었다. 도시에서는 비만 때문에 살빼기 고민을 해야 하는 사람이 더욱 많은 현실이다. 그래도 우리는 풍년을 기원한다. 풍년은 축복이기 때문이다. 풍년은 민생을 배부르게 흥겹게 화려하게 너그럽게 한다. 그래서 풍년은 늘 관심이었다.

보릿고개라는 말이 사라진 지가 우리 세대에서 그리 멀지 않다. 풍년이 들면 땟국물 흐르는 얼굴을 하지 않아서 좋았다. 풍년이 들면 소 한 마리 잡는 것은 문제도 아니었다.

풍년은 마음까지도 풍성하게 하였다. 풍년의 잔잔한 기억들은 아직도 우리들의 가슴속에 남아 있다. 가을밤 달빛이 휘영청 밝으면 도시 위에 뜨는 달에서도 풍성했던 그 날을 생각해 내곤 한다. 이렇게 풍년을 기구하는 마음에서라도 제(祭)는 필요한지 모른다. 그것은 우리를 풍요롭게 하기 때문이다.

우리나라 경제는 철강, 건설, 통신, 조선 등 공업 중심의 제조업과 항공, 유전공학 등 첨단산업이 그 발전을 주도하는 것이 사실이다.

그러나 아무리 경제가 발전하여도 우리의 농업이 주름지면 걱정이다. 농업에는 우리의 기본적인 정서가 담겨 있기 때문이다.

풍년은 구릿빛 주름진 얼굴을 환하게 펴게 하는 묘약이다. 그리고 이 각박한 생활에서 멋들어진 고향의 가락이라도 듣게 된다면 도시의 생활조차도 조금은 풍요로워질 것이다.

우리의 풍년제는 풍년이 들어서 기획했다기보다는 풍년을 기원하여 시작한 것이다. 길거리를 가다보면 가끔씩 빨강·파랑 색등을 켜고 공터를 빌려서 향토 음식잔치라는 이름으로 행사하는 것을 보는 경우가 많다. 그런 행사의 원조가 아마도 KBS의 풍년제일 것이다.

지금은 그저 음식과 특산물 판매코너만이 판쳐 본래 기획했던 풍년제와는 거리가 멀지만 원래 풍년제는 농산물 판매장이나 팔도 음식코너가 중심가 아니고 농산물 품평회, 농기구 전시회, 원양어업, 임산물, 1차산업의 부산물을 이용한 아이디어 상품이나 요리 강습회 등 교육적인 축제였으며 우리는 이를 농·축·수산업이 기초가 되는 축제로 발전시키려고 했다.

기획 당시 우리가 논의했던 축제는 동네 대항의 각종 민속경기를 개발하여 동네간에 경쟁심을 유도하고 이러한 경기와 잔치를 통해서 고향 생각도 하고 발전의 원동력으로 삼으려고 했던 것이었다.

국민적인 축제가 없는 우리나라에 사람들의 마음을 넉넉하고 풍성하게 수용해 줄 공적이고 국가적인 잔치를 만들고자 한 것이다.

우리 음악인 국악이 정악보다 민속악이 더 발달한 것을 보아도 우리는 잔치를 즐기는 민족이라고 여겨진다. 마당놀이라는 이름으로 흥을 돋우어낼 줄 아는 민족이다. 별스런 일이 아님에도 그냥 사람들이 모여 흥을 돋우고 신명을 불러낼 줄 아는 민족이다.

세계적으로 이러한 민족도 드물 것이다. 때문에 있는 그대로의 모습에서 신명을 불러낼 줄 아는 민족이 축제가 없다는 것은 조금 이상한 일이기도 하다.

집시에게도 그들만의 문화와 예술이 있다. 이렇게 각 나라들은 특정한 집단에 나타나는 독특한 문화를 적극적으로 찾아내고 지원하여 자기 나라의 자랑스런 문화와 예술로서 정착시켜가고 있는데 왜 우리는 유랑극단이나 남사당에 대해서는 말하지 않는 것일까. 우리는 기예나 문화, 예술의 소재를 많이 가지고 있는 집단이다. 이러한 우리에게 축제가 발달하지 못했다는 것은 슬픈 일이다.

지방자치제도의 시행으로 민선 자치단체장들이 앞다투어 자기 고장의 고유한 축제를 찾아내어 개발·발전시키려고 노력한다. 그 중에 하나라도 살아남아, 모두가 그 축제를 기다리고 즐기는, 민중에 뿌리를 둔 전국적인 축제가 되었으면 한다.

축제만큼은 사람들에게서 자생적으로 생겨나야 한다. 우리가 분명히 알아야 하는 것은, 축제를 기획하는 자치단체는 그 바탕 위에서 풍부한 경험으로 홍보하고 조직화하는 작업을 해야 한다는 것이다.

축제가 민중에서 출발해야 한다는 것은 그 축제에 참가하는 사람들에게 어떤 형태든지 이익이 있어야 한다는 것을 말한다. 머리 좋은 기획자 몇 사람이 일을 도맡아 처리하고 다른 사람들은 뒷짐지고 구경만 하거나 자치단체장이 차기 당선을 염두에 두고 실적을 올리기 위해서 축제를 행정적으로 처리한다면 실패한다.

조금 모자라도 조금 어눌해도 주민들이 직접 참가하도록 기획해야 한다. 어떤 이는 추억을 얻고, 어떤 이는 참여의 기쁨을 누리고, 어떤 이는 일체감을, 어떤 이는 이익을, 그렇게 축제에 참가하는 사람들이 저마다 얻는 것이 있도록 기획된다면 성공할 수 있다.

사람들이 기쁨과 가슴 설레는 기다림으로 축제를 준비하면 조직

에서는 홍보활동과 아이디어, 경험이 풍부한 사람들이 합세하여 도
와주는, 일종의 성장촉진제 역할을 하는 정도로 만족하는 것이 좋
을 것이다.

가야 할 연주회, 가지 말아야 할 연주회

악단하면 언뜻 떠오르는 이름이 폴모리아 악단과 만토바니 악단이다. 올드팬 중에는 더러 기억하는 사람이 있을 텐데 그 중에서도 폴모리아는 매우 감미로운 연주를 하는 악단으로 기억하는 사람들이 많다. 특별히 <마림바>라고 하는 폴모리아 악단의 트레이드 마크를 기억하는 사람들도 적지 않다. 어느 해인가, 이 폴모리아 악단이 도쿄에 연주차 왔다가 서울에 온 적이 있었다. 신문에서는 세계적인 악단이 내한했다고 대서특필했다.

연주에서 악기는 목소리의 음색과 같은 것이다. 같은 연주자라 할지라도 악기가 다르면 연주가 달라진다. 일반적인 생각으로 악기는 모두 비슷한 것이 아닌가 여길 수 있지만 사실 연주자는 어떤 악기를 사용하느냐에 따라 제소리를 내느냐 못 내느냐가 결정된다. 더구나 일정한 수준에 다다르면 연주자가 사용하는 악기는 성악가의 목소리처럼 각기 제 소리를 가진다.

그런데 폴모리아 악단은 우리나라에서 연주를 하기 위해 오면서 자기들이 사용하는 악기를 일본에 두고 입국을 했다. 경음악이야 그냥 듣고 즐기면 그만이라고 할 수 있지만 연주자로서는 확실히 문제가 있는 태도였다. 덕분에 이 공연을 기획한 회사는 낙원동 악기 상가를 샅샅이 뒤져서 악기를 임차하느라 곤혹을 치렀다고 한다.

우리나라에는 원래 연주계획이 없었는데 우리 쪽 공연기획자가 출연료와 항공료 부담이 적기 때문에 공연 수지를 맞출 수 있지 않을까 하여 부른 것이다. 이렇게 간혹 일본 연주회 끝나고 난 다음 악단의 연주여행 일정이 비면 도쿄와 서울의 왕복 항공료와 숙박비, 싼 출연료를 지불하는 조건으로 연주단체를 부르는 경우가 있다. 그러나 이렇게 구차한 연주회는 하지 말아야 한다.

연주자가 악기를 가지고 오지 않는다는 것은 군인이 총을 버리고 온 것이나 다름없다. 그러니 그들의 연주가 제대로 되었을 리 만무하다. 연주자는 소리가 생명이다. 프로 연주자라면 소리를 구하는 데 구도자의 입장으로 연주에 임해야 한다. 그 뒤에도 이 악단은 우리나라에서 여러 차례 연주회를 가졌지만 그때마다 나쁜 이미지가 되살아나 나는 한 번도 폴모리아 악단 연주회의 입장권을 사지 않았다.

이런 연주회는 정말 가지 말자. 무엇을 해야 하는지를 몰라서 못하는 것도 프로의 세계에서는 문제가 되는데 가장 기본적으로 지켜야 할 것을 지키지 않는 자세나 마음가짐은 정말 잘못된 것이다.

공연 기획자나 연주자들은 입장료 내고 온 사람들이 돈 아깝다는 생각이 들지 않도록 연주회를 프로답게 해야 한다.

이와는 반대인 경우도 있었다. 언젠가 선샤인 밴드라는 연주단체가 와서 KBS 88체육관에서 연주회를 개최하였는데 음향이 얼마나 좋았던지 깊은 감동을 받았다.

우리가 흔히 악단이라고 부르는 팝오케스트라나 밴드(band) 혹은 윈드(wind) 앙상블에는 음향장치를 별도로 해야 한다. 음향 반사막을 내리거나 콘서트 전용홀을 사용한다면 별로 신경 쓸 일이 없지만 그렇지 못할 경우에는 음향 간섭 현상의 하나인 하울링(howling)과 에코(echo)를 가장 조심해야 한다.

가끔 KBS 88체육관에서 공연 행사를 하는 일이 있다. 체육관 전체의 벽면을 커튼으로 드리우는 방법을 생각했을 정도로 전문 연주장이 아닌 곳은 항상 음향 문제가 발생한다. 우리가 이 체육관에서 방송녹화를 할 때는 MR(music relation)이라고 하는 음악 녹음테이프를 사용하는 경우가 많다. 스피커의 용량대로 앰프의 출력을 올려보는 것은 꿈에도 생각 못한다.

그러다가 미국의 선샤인 밴드가 KBS 88체육관에서 공연을 할 때 국산 음향장비를 사용하게 되었다. 우리는 음향장비에 혹시 문제가 생겨 연주회를 망치지나 않을까 걱정을 하였다. 우리의 장비담당 기술자도 스피커에 문제가 있기 때문에 보다 성능이 나은 외산 장비로 교체해야 된다는 것이다.

선샤인 밴드의 오디오맨(audio man)을 불러 장비문제를 상의하였더니 밴드의 음향기술자는 아무런 문제가 없다고 했다. 36채널의 이동식 패널 앞에 선 오디오 기술자가 밴드에 큐 사인을 내자 트럼펫 주자가 혼신의 힘을 다하여 소리를 냈는데 마치 해머로 가슴을 치는 듯한 음이 나왔다. 아니 음이 튀어나왔다고 하는 표현이 더 적절할 것이다. 오디오 기사는 자기 밴드 음향의 출력에 대해 정확한 지식과 경험을 가지고 있었던 것이다.

음향의 간섭문제 때문에 출력을 제대로 올렸을 때 울리는 소리를 들어본 경험이 없는 나에게는 정말 생경한 느낌이었다. 가슴을 때리는 그 강력한 소리 그것은 새로운 경험이었다.

물론 우리도 오디오 기사가 밴드 하나를 전문적으로 담당한다면 가능하리라고 생각한다. 자기 밴드의 연주곡을 알고 몇 소절에서 어떤 악기가 어느 정도의 세기로 소리를 낸다는 것을 정확히 안다면 멋진 음을 만들어 낼 수 있을 것이라고 생각한다. 프로들은 돈을 받고 감동을 선사해야 할 책임이 있는 사람들이 아닌가? 입장료 내고 공연장에 온 사람들을 기만하지 말자.

세계가 점점 전문화되고 프로 아니면 살아 남기 힘든 오늘의 현실에서 우리도 배워야 할 프로의 자세이다.

향토축제

지금 각 지방에서는 새로운 향토축제가 만들어지고 있다. 축제가 많이 생긴다는 데야 이를 즐기는 입장에서는 좋은 일이다. 그러나 실제로 축제에 가보면 감동과 기쁨, 가슴 설레임은 고사하고 어떤 축제에 갔다왔는지조차 알 수 없는 특징 없는 축제들이 많다. 그러면 도대체 축제는 어떻게 만들어야 하는가? 어떻게 만들어야 그 속에서 사람들이 감동을 느끼고 축제에 참가한 보람을 느낄 수 있을까?

많은 축제들이 우리의 주변에서 열리고 있지만 새롭게 어느 축제를 만든다고 하면 과연 우리는 그 축제를 어떻게 기획해야 할까?

향토축제를 기획하는 사람들이 꼭 알아두어야 할 사항은 축제를 인위적으로 만들어서는 안된다는 것이다. 축제는 사람들이 참가해서 그 속에 빠져들도록 기획해야 한다. 독일의 문호 괴테도 "축제란 사람들에게 주어지는 것이 아니고 사람들 스스로 취하는 것이다"라고 말했다.

축제는 원래가 제례의식으로 구성원들 사이를 연결하는 끈이었다.

축제란 삶의 원형적인 한 형태이다. 현대의 축제가 아무리 본래의 모습에서 변질되었다고 하나 그 본질적인 속성 때문에 개최되고 있음을 잊어서는 안된다. 관광 축제, 제례 축제, 스포츠 축제, 예술 축제 … 그 어떤 축제이든 간에 그 축제에 참가하는 모든 구성원들이 스스로 빠져들어 취하도록 해야 한다.

축제는 구성원들의 공동체적인 특성을 나타내기 때문에 축제가 발달한 민족은 단결력이나 민족적인 개성이 강할 수밖에 없다. 그래서 지역축제는 정체성이 강하다.

우리나라의 지역축제는 300여 개가 있다고 한다. 신사 중심으로 이루어지는 일본의 축제는 우리나라의 10배가 넘어 어림잡아 3,000개 정도가 된다는 보고가 있다. 그래서 일본을 축제(마츠리)의 나라라고 한다.

원래 우리나라의 향토축제는 제천의례인 마을굿 형태로 그 지방 사람들이 참여하여 신에게 풍년을 빌고, 추수를 감사하는 의례가 끝난 후 구성원들이 벌이는 신명나는 놀이판이었다. 이러한 제례형태로 현존하는 대표적인 지방축제가 강릉의 단오제이다.

근래 지방자치제도가 시행된 이후로 더욱 많은 향토축제가 기획되어 열리고 있다. 그러나 아무런 특징 없이 또는 강제적으로 의미를 부여하여 개최되는 난장식 축제에는 축제가 가지는 본질적인 의미를 기대할 수 없다. 최소한 정확한 목표가 있어야 하며 그 목표를 성취하는 방법으로 여러 가지 수단(축제의 소프트)이 선택되어야 축제가 성공할 수 있다.

지역은 그 자체가 자연스럽게 특성을 갖기 마련이다. 때문에 지방축제에는 그 지방만이 가지고 있는 고유함이 있다. 산촌에서 사는 사람들이 어촌의 양태에 맞는 축제를 가지고 있지 않는 것이다.

경기도와 강원도, 제주도가 같은 내용으로 축제를 기획하였다면 그런 곳에는 사람들이 가지 않는다. 그럼에도 불구하고 대동제, 굿거리 공연, 전시회, 민속놀이 등 별로 다르지 않는 단골 메뉴를 가진 축제가 어느 특정한 곳에서 유행하면 다른 지역에서도 이름만 달리해 거의 대동소이하게 축제가 열리고 있는 것도 사실이다.

물론 지역이 좁고 문화의 특성이 비슷하며 동원할 수 있는 자원이 한정되어 어쩔 수 없다 하여도 축제에 대한 기본적인 이해 부족에서 오는 것일 수도 있다는 생각을 떨쳐 버릴 수가 없다.

가장 지역적인 것이 가장 세계적인 것이다.

우리는 매우 지역성이 강한 축제나 공연 전시 등이 세계적으로 관심을 끌고 서로 다른 문화권의 사람들이 즐기는 것을 볼 수 있다. 무엇이 사람들을 끄는 요소일까? 한두 마디로 정리할 수는 없지만 그래도 공통적인 요소는 있다. 강력한 지역성과 함께 보편성 있는 개성과 아름다움을 가지고 있다면 그것은 서로 다른 문화권에서도 사랑받을 수 있다.

열정적이면서도 단순하고 우아함을 가지고 있는 이벤트는 지방색이 강하면 강할수록 세계적으로 확산되는 경향을 띠고 있다. 리오의 원색적인 삼바축제, 올림픽으로 통하는 스포츠 경기 이벤트들, 각국의 민속음악, 아프리카의 춤, 우리의 사물놀이, 고전무용들 이러한 것들 자체는 매우 지역적이고 향토성이 짙은 이벤트지만 그 속에 담겨 있는 열정과 보편성으로 인하여 세계화되는 계기가 마련되는 것이다. 특화되어 보편화되는 축제만이 결국 살아남는다.

향토축제는 민중의 역사와 뿌리에 기초를 두어야 한다.

축제는 가슴을 설레이게 한다. 축제를 하거나 기획을 하게 되는 것만으로도 명절을 맞는 어린아이들처럼 가슴이 뛴다. 왜 그럴까? 한 개인은 축제를 통해서 집단에 소속됨을 느끼고 그 속에서 안도와 안전의 포만감을 가진다. 민중에 뿌리를 두면 이것을 통해서 결속의 힘이 생기는 것이다. 이 때문에 축제란 사람들이 참가해서 즐기고 자신의 뿌리와 존재를 확인하는 형식이며 절차일 수 있다. 그래서 축제에 참가하는 것은 즐거운 일이다. 그렇다면 축제를 어떻게 기획할 것인가? 매우 어려운 질문이지만 몇 가지 기준에 충실한다면 보다 나은 축제를 만들어 갈 수 있다고 생각한다.

① 향토 특산과 관련있는 축제를 기획해야 한다.

옹기가 생산되는 지역이라면 전시회를 하나 하여도 옹기의 모양, 옹기에 새겨진 그림 문양 중심으로 하고 새로운 용도로 제작한 옹기, 옹기의 제작과정 등 옹기를 주제로 하는 이벤트를 기획할 수 있다. 또 이러한 전시회에 맞추어 생활에 필요한 옹기용품을 개발, 관광상품화를 꾀할 수도 있다. 옆동네의 생산품이 좋다고 흉내를 내어서는 안된다. 철저히 자신의 특산을 명산화하여야 한다.

② 향토민의 정서와 맞닿아 있는 내용을 발전시켜야 한다.

어촌의 축제는 바다와, 산촌의 축제는 산과, 농촌의 축제는 들과 관련있는 내용과 정서를 담아야 한다. 유명한 음악인을 배출하여 예술에 대한 이해가 있는 지역이라면 이와 관련된 축제를 기획함으로써 그 속에 살고 있는 향토민에게 자랑스러움이 될 수 있다.

모차르트의 고향으로 유명한 잘츠부르크에서 열리는 음악제나 우리 전라도 지방에 예술적인 축제가 많음은 이와 무관치 않다. 향토민의 정서가 함께 해야 구성원들이 즐겨 참여하고 자신의 정체성을 확보할 수 있는 축제가 된다.

③ 보는 것에서 참가하는 것으로 기획해야 한다.

축제를 보고 즐긴다 하여도 감정이입을 할 수 있는 내용으로 기획해야 한다. 참가자들은 들러리 취급을 당하거나 이방인으로 남게 되는 축제에는 가지 않는다. 도자기 축제를 한다면 전시회 등 기획자들이 준비한 것을 단순히 보기만 하는 행사로 만들지 말고 도자기를 만드는 과정에 사람들이 직접 참가할 수 있는 축제로 만들어야 한다. 그러한 참가를 통해 사람들은 감동과 기쁨을 가슴속에 간직할 수 있다.

④ 관민 합동으로 기획해야 한다.

역할 분담을 하는 것이 좋다. 관은 조직화 작업과 홍보, 예산의 조달을 담당하고 예산의 집행과 축제의 진행은 민이 담당하도록 한다. 굳이 한쪽에게 비중을 더 두자면 민간에게 두어야 한다. 특별히 향토축제는 민중에 뿌리를 두어야 하기 때문에 진행이 조금 어눌해도 민간에게 맡겨야 하는 것이다.

생명력을 가진 축제, 자발적으로 참가하는 축제를 만들려면 민간에게 축제의 진행권을 주어야 한다. 머리 좋은 몇 사람의 그림이나 각본에 따라 움직이도록 만들어서는 안된다. 어떤 때는 진행이 서툴러서 인간 친화적인 축제가 될 수 있음을 잊어서는 안된다.

어떤 축제를 만들며 어떤 축제를 기획해야 할 것인가에 대해 사람마다 생각이 다를 수 있다. 위 내용은 축제를 기획하는 기준적인 과제에 대한 우리의 생각을 정리해 가는 한 과정으로 이해되어야 할 것이다.

장외 이벤트 코골이 합창

19 84년 그 해 여름은 수면 부족으로 점철된 날이었다.

떠들썩하게 요란법석을 떨어가며 준비한 올림픽을 개최할 주경기장이 완공되었다. 88서울올림픽의 인상적이고 감동적인 기억으로 인하여 우리의 뇌리에서 사라져 버렸을지도 모르는 올림픽 주경기장의 개장 기념축제는 나에게 기억에 남는 이벤트이다.

미국 LA올림픽 개막행사의 감동이 채 사라지기도 전에 치러야 했던 서울올림픽 주경기장 개장 기념축제는 우리에게 확실히 부담이 되었다.

1984년 8월 하순 어느 날 우리 회사의 손영호 본부장실.

"이 행사는 고도의 품질을 요구하는 행사입니다. 여건이 매우 복잡합니다. 더구나 공식적인 의식과 문화행사를 어떻게 접목하느냐가 관건입니다. 상반되는 두 개의 행사를 커다란 테두리 속에 어떻게 수용할 수 있을까 하는 것이 문제입니다."

손 본부장은 간결하게 올림픽 주경기장 개장 기념행사의 중요성과 어려움을 말했다.

마라톤 회의였다. 행사의 의미만큼 밤은 점점 깊어 갔다. 그러나 이것은 길고 긴 회의의 시작에 불과했다.

"해보는 것입니다. 최선을 다해서 해보는 것입니다. 그것이 지금 우리가 해야 할 일입니다."

사뭇 비장스런 결론이 아닐지라도 결국 우리에게 선택은 하나뿐이었다. 몸으로 부딪쳐서 하는 것이다. 그때 우리는 오직 이 일을 잘해야만 한다는 생각뿐이었다. 왜 일을 해야 되는가에 대한 이유나 의문을 가질 여유마저도 없었다.

일은 그렇게 시작되었다.

차기 올림픽 개최국으로서 86아세아경기대회와 88서울올림픽을 대비한 예행연습의 하나로, 크게 식전 문화행사와 국제 스포츠행사, 공연행사, 전시행사, 시민 참가행사로 기획하였다. 이 모든 행사의 초점은 88서울올림픽 분위기를 조성하고 그에 대한 국민의 관심을 높이기 위한 것이었다. 개장 기념행사는 그 해 가을에 열리는 아시아경기대회의 시험무대였으며 88서울올림픽 개막식의 방식을 전제로 치러진 예비연습이었다.

회의….

또 회의….

수많은 회의를 통하여 이 행사의 조각들을 조정하고 수정하고 보완해 갔다. KBS, 서울올림픽대회조직위원회, 서울시, 대한축구협회, 대한육상연맹 등 많은 관련기관들과의 협조는 비교적 잘 이루어졌다. 행사의 규모로 보아서는 서로 다른 조직들이 광범위하게 참여하는 것이 적당하다. 그러나 의견의 조율이나 제안의 전달을 위해서는 조직 상호간에 유기적인 협조가 가능한, 연결고리를 명확히 하는 기구가 필요하다.

이벤트는 단기 목적성 사업부 조직이다. 이러한 조직에서는 기본적으로 갖추어야 하는 구성요건과 의사결정 그리고 협조체계 등을 깊이 생각하여야 한다.

올림픽을 앞둔 우리에게 개장 기념행사는 분명 축제였다. 물론 자생적으로 발전한 축제는 아니다. 하지만 축제는 인위적으로라도 우리 모두가 함께 참여할 수 있는 분위기로 만들어야 한다. 그렇게 해서 사람들이 즐기는 축제가 되도록 해야 한다.

축제란 우선 먹고 마시는 것이 풍성해야 함에도 불구하고 행사장 가까이에는 이러한 시설이 부족했다. 또 교통문제, 폭력주의자들로부터 안전을 지키기 위해 별 수 없다고는 하나 공식 행사장에 괴물처럼 버티고 있는 바리케이트는 분위기를 썰렁하게 하였다. 성공적인 이벤트를 치르기 위해서는 이러한 문제들을 기술적으로 세련되게 처리하여야 한다.

우리는 이 짧은 기간 중에 한편으로는 LA올림픽 선수단 개선 국민축제를 여의도에서 실시했고 동시에 서울국제민속축제를 치러야 했다. 정말이지 우리 개발사업실(당시 우리 부서 이름)에 소속된 사람들을 너나 할 것 없이 뛰고 또 뛰었다. 모두가 홍역을 앓는 사람들처럼 정신이 없었다.

9월 초순에 우리는 행사본부를 올림픽 주경기장으로 옮겼다.

"아니, KBS는 이 인원으로 어떻게 행사를 치릅니까?"

함께 행사를 준비하는 다른 부처의 사람들이 걱정스런 얼굴을 하였다. 하기야 그네들은 많기로는 몇 십 명씩 행사본부에 앉아 있는데 우리 사무실에는 고작 서너 명만 앉아 있으니 걱정이 될 만도 했다.

"우리쪽은 문제 없습니다. 틀림없이 훌륭하게 해낼 테니 걱정 놓으세요."

우리는 그들을 안심시켰으나 아무래도 그들은 잘 믿기지 않는 듯했다. 그러나 당시에 우리팀에게는 잘할 수 있다는 일종의 믿음 같은 것이 있었다.

마땅한 대답이 없을 때는 시간이 해답이라고 하였던가?

시간이 지남에 따라 사람들은 점차 우리를 신뢰하기 시작했다.

D데이는 점점 다가오고 심야 퇴근의 날도 점점 늘어 갔다. 우리
의 고통과 피로도 비례하여 쌓여 갔다.

"의사가 입원하라고 합니다."

개장행사의 실질적인 지휘자이고 아이디어 뱅크인 방원혁 부
장에게 의사가 내린 과로와 장출혈 진단은 우리를 곤혹스럽게
하였다.

"바삐 주사 맞고 일주일만 버텨. 일주일만…."

다급해진 손 본부장이 막바지 독려를 하였다. 가능한 일손이
라면 한 사람이라도 아쉬운 순간이었기에 그 순간에 다른 선택
이 있을 리가 없었다. 쓰러져도 현장에서 쓰러져야만 했다.

그러나 행사 전야에 억수로 쏟아진 비는 모든 준비를 다 끝낸
우리를 또 한번 괴롭혔다. 일이란 지나고 보면 재미거리로 남게
되지만 쏟아진 비 속에서 진행된 전야제 행사는 출연자와 행사
관계자를 물에 빠진 생쥐 모양으로 만들었다. 그리고 설상가상
으로 비는 그날 밤에 또 우리 모두를 잠 못 들게 하였다.

장인정신으로 심혈을 기울여 만든 종합전시장에 비가 새기 시
작한 것이다. 처음에는 바닥에서 조금씩 차오르기 시작하더니
바깥에서도 새어들어 결국 온 전시장을 물바다로 만들었다. KBS
개발사업실 사람들은 물론, 파견나온 경찰 병력에까지 협조를
받아 물을 퍼냈으나 물은 좀체로 줄지 않았다. 모두 팔을 걷어
부치고 밤새도록 물을 퍼내고 또 퍼냈다. 손영호 본부장까지 나
이나 체면을 버리고, 팔 걷고 양말 벗고 밤새도록 물을 퍼내 더
욱 감동적인 밤이 되었다. 힘들거나 어려울 때 언제나 함께 했기
에 나는 손 본부장, 조성민 실장, 방원혁 부장 그 분들을 더욱
존경한다.

하늘도 무심치 않아 여명이 밝아올 무렵에는 비가 그쳤고 전
시장도 지킬 수 있었다. 그러나 전시장을 처음에 꾸몄던 본래
모습대로 해두기 위해서는 아침까지 정리해야 할 일들이 너무

많았다. 결국 개장시간까지 작업을 하다가 VIP의 개장 테이프커팅 시간을 미처 피하지 못하고 몇 사람은 스포츠용품 전시장의 텐트 속으로 기어들어 갔다. 텐트로 피신한 것에 대한 아이디어는 좋았다. 그러나 물을 퍼내느라 밤을 꼬박 새운 직원들이 텐트 속에 들어가기가 무섭게 여기저기서 코를 골아대기 시작한 것이다. 가장 품위 있어야 할 전시장에서 마치 여름밤 개구리들의 합창처럼 어떤 이는 낮은 음으로, 어떤 이는 대포 쏘는 듯한 소리를 내어 밖에서 듣는 이들의 배꼽을 쥐게 했다. 개장 테이프커팅이야 입구에서 하지만 귀빈들이 전시장을 둘러볼 때 문제가 생겼다.

결국 귀빈의 안내동선을 수정하여 스포츠용품의 텐트 쪽은 무사히 피해서 넘어 갔었다. 불가피한 생리적 현상은 법률에도 우선하고 VIP에도 우선하다. 혹시 여러분 중에 그날 코골이 합창을 들었다면 정말 서울올림픽주경기장 개장 기념행사로 준비한 특별 순서를 즐긴 것이다. 행사 안내지에는 결코 없는 …

5월 유감

직접 혹은 TV 중계로, 아시아경기대회와 올림픽 이벤트를 체험한 어린이와 청소년들에게 뭔가를 보여 주어 감동을 이끌어 내야 한다는 것은 힘든 일이다. 더구나 적은 예산으로 만들어야 하는 이벤트는 더욱 고통스럽다. 그러나 5월이라는 계절은 이벤트를 하기에는 그 자체로도 정말 좋은 계절이다. 5월은 어린이날, 어버이날, 가정의날이 있고, 내 아들 홍우의 생일도 있다. 5월은 여리면서도 싱그러운 그 무엇이 신록 속에 꿈틀거리고 있음을 느낄 수 있는 계절이다. 그래서 5월은 가정의 달이라고 부르기도 하지만 청소년의 달이라고 규정지어도 조금도 어색함이 없는 것이다.

청소년들은 가장 확실한 우리의 미래다.

자원도 별로 없는 우리나라에서 밝은 미래를 기대할 수 있는 것은 교육을 잘 받은 인재들이 자라고 있기 때문이다. 어느 신문의 기고 중에서, 1960년대에 서로 비슷한 GNP를 가졌던 인도, 파키스탄, 태국 등의 국가들 중에 자원도 빈약하기 그지없었던 한국이 고속성장할 수 있었던 비결은 강력한 지도자와 국민들의 교육이 뒷받침되었기 때문이라는 기사를 읽은 기억이 있다.

몇 해를 두고 비슷한 내용으로 계속해서 기획했던, 말하자면 많은 연례행사 중 나는 KBS 바둑축제와 어린이날 행사를 포함한 청소년의 달 이벤트를 제일 많이 기획했을 것이다. 그래서 어린이날 행사는 개인적으로 향수 어린 애정이 있다. 바둑축제는 바둑이라는 기본적인 매개물이 있지만 청소년의 이벤트는 매년 새로운 기획물로 채워야 하기 때문에 어렵다.

나야 그저 잘 안 돌아가는 잔머리 굴리느라 힘들었을지 모르지만 행사를 시작하면 사실은 사람 동원에서부터 갖가지 지원사항 등 잡다한 일을 챙겨야 하는 사람들이 더욱 힘들다. 절대 자랑할 일은 아니지만 나는 아이러니하게도 어린이날, 어린이들의 어머니들인 서울시청 가정복지과 안희옥 과장, 임정애 씨, 임진숙 씨, 남길순 씨 등 많은 여자 공무원들을 괴롭히고 울려서, 정해진 수명보다 더 오래 살 수 있을 것이다.

내가 행사에 정식으로 입뽕할 때까지 어린이날 행사의 전담기획자는 방원혁 부장이었는데 '푸른 세상 밝은 미래 우리들 세상', '빨주노초파남보 무지개 꿈', '뛰어라 날아라' 등 기억되는 어린이날 행사의 슬로건이나 기획의 대부분을 그가 하였다.

잊혀지지 않는 일 중에 하나는 동대문 운동장 야구장에서 열기구인 '벌룬(ballroon)'을 날리는 행사기획이었다. 이 열기구는 인가된 기관에서 교육을 받아 면허를 취득한 파일럿만 띄울 수 있는데 이 열기구를 동대문 운동장 높이 올려 어린이들에게 뭔가를 보여주겠다고 멀리 독일에서 두 사람의 파일럿을 데려왔었다. 그런데 막상 행사가 시작되자 한 쪽은 잘 올라가는데 하필이면 내가 담당하고 있는 벌룬이 바람이 분다는 이유로 상승을 하지 않는 것이었다. 벌룬에 밧줄을 묶고 상승을 재차 요구했으나 파일럿은 여전히 사고의 위험이 있다면서 올라가지 않았다.

단 한 번의 벌룬 상승을 위해서 지구를 반바퀴나 날아 온 그가 어린이들 앞에서 위험하다는 이유로 날아오르지 않자 나는 너무나 화가 나서 그때까지 알고 있었던 모든 영어로 된 욕을 그에게 퍼부었다. 전체 진행을 보고 있던 방원혁 부장이 벌룬이 비상하지 않자 뒤이어 왔다가 나와 파일럿이 싸우고 있는 것을 보고 그냥 갔다고 나중에 말해 주었다. 얼마나 심하게 다투었는지 나는 그때 방 부장이 온 것도 몰랐었다.

그런데 벌룬 때문에 곤란한 일은 정작 나중에 일어났다.

우리나라 법에는 항공관제구역이라는 것이 있다. 항공관제구역을 비행하기 위해서는 서울지방 항공국의 허락을 얻어야만 하는데 서울 시내 대부분이 이 항공관제구역에 해당된다. 벌룬도 비행 물체이기 때문에 항공국의 허락을 받아야 하는데 그러한 사실을 모르고 동대문 운동장 하늘을 비행한 것이다. 덕분에 회사에서 징계를 받고 관계기관에도 불려가 혼났다. 우리나라에서 비행 물체를 띄우기 위해서는 그 지역이 항공관제구역인지 아닌지를 분명히 확인하여야 한다. 그렇지 않으면 많은 곤경을 당할수 있다. 그래도 곤경에 처했던 것보다는 그날 벌룬을 날리지 못한 것이 내내 후회되는 것을 보면 감정은 법보다는 앞서나 보다.

청소년에게 투자하는 것은 가장 확실한 미래에 투자하는 것이다. 우리 회사는 해마다 청소년의 달이 돌아오면 많은 행사를 기획하고 진행해 왔었다. 어리둥절함으로 법률도 모른 채 오뉴월 고삐 풀린 망아지처럼 이리 뛰고 저리 뛰어다니다 보니 강산이 변해 버릴 만큼의 세월이 흘렀다. 한동안 5월만 되면 무슨 성자도 아니면서 우리집 아이들은 내팽개치고 이 땅의 수많은 어린이를 위해 뛰어다닌 셈이다.

요즈음 5월에 치러지는 행사를 보면 세월이 많이 흘렀음을 더욱 느낄 수 있다. 옛날에는 사람들이 수줍어서인지 염치 때문인지 그냥 앉아서 보고 즐기는 것을 좋아했다. 처음 청소년 행사를 기획할 때 역시 그들이 보고 즐길 수 있도록 하면 별 문제가 없었다. 그러나 세월과 함께 세상도 사람도 많이 변했다. 날이 갈

수록 자리에 앉아 있는 청중이나 어린이들을 위해 함께 율동을 하거나 노래를 부르는 행사 등을 기획해야만 했다.

요즈음은 고도의 예술적인 공연 감상물을 제외하고는 어른들을 대상으로 하는 행사도 가만히 앉아서 구경만 하라고 하면 실패를 보장받을 수 있다. 말하자면 구경하는 행사에서 직접 참가하여 함께 움직이고 즐기는 형태로 기획하지 않으면 안되는 것이다. 쳐다보고 손뼉치는, 행사를 위한 행사보다 참가자들이 보다 적극적으로 참가해 모두 함께 어울려 즐기는 행사로 기획해야 성공할 수 있다.

KBS의 5월 어린이날 이벤트는 사회적으로 많은 파급효과를 불러왔다. 5월이 되면 사람들은 으레 아이들과 함께 지내야 한다는 생각을 하게 되었고 사회단체에서는 매년 자연스럽게 어린이들을 위한 작은 이벤트를 개최한다. 어디 그뿐인가? 어린이 이벤트의 개최정신이 확산되어 고아나 결식아동 등 사회로부터 소외받는 어린이들에 대해서 생각하는 계기가 되었다고 생각한다.

나는 언제부터인가 5월이 가까워 오면 입시를 앞둔 학생처럼 두통과 가슴앓이를 연례행사로 한다. 그럼에도 불구하고 이 일을 마다 않는 것은 방송국에서 기획하는 이벤트가 사람들의 관심의 초점이 될 수 있고 파급효과가 커 얼마든지 유익하고 의미 있는 일을 할 수 있기 때문이다. 그것은 내가 KBS에 소속되었기 때문에 누릴 수 있는 특권이기도 하다.

헝가리무곡 5번

“**어**떤 음악을 좋아하십니까?” “어떤 곡을 좋아합니까?” “누구의 연주를 좋아하시는지요?”

이것은 우리가 음악이라는 장르에 접했을 때 가장 많이 받는 질문이다. 그리고 이러한 질문에 답을 할 때는 저마다 특별한 경험을 가지고 대답하지 않을까 한다.

나는 헝가리하고 조금 인연이 있는 듯하다. 이 나라에서 유학을 했다거나 이 나라를 여행한 경험이 있어 추억이 있는 것도 아니고, 헝가리 말을 유창하게 하는 것은 더더욱 아닌데도 말이다.

내가 헝가리하고 인연이 있다고 느끼는 이유는 내가 들은 최초의 클래식 기악곡이 <헝가리무곡 5번>이기 때문이다. 이 곡은 그 후에도 아주 즐겨 듣는 곡 중의 하나가 되었다. <헝가리무곡 5번>은 너무나 많이 알려져 순수음악을 즐겨 듣는 사람이 아닐지라도 그 곡조를 외울 수 있을 만큼 대중화되었다. 그만큼 이 곡이 우리 정서와 많이 가깝다는 의미일 것이다.

내가 이벤트 분야에 발을 들여놓아 처음 음악행사로 입뽕한 것도 ‘헝가리 부다페스트 방송교향악단 초청공연’이었다. 이 연주회는 나에게 고통과 함께 국제 공연 이벤트에 대해 많은 공부를 하게 했다.

또 여러 음악회를 기획하여 실시하였지만 그 중에서 기억에 남는 감동적인 음악을 선물한 악단도 헝가리와 관련이 있다.

이같은 이유로 나에게 헝가리는 조금 특별한 의미가 있다는 것이다.

음악회에 가는 사람들은 무슨 기대를 걸고 가는 것일까?

고도의 예술적인 기량을 보기 위해, 듣고 싶은 선율을 듣기 위해, 그곳에 가면 아무런 걱정이 없으니까, 그곳에는 아름다움이 있으니까, 혹은 살아가는 의미를 그곳에서 발견할 수 있으니까, 아니면 폼 잡으려고? 음악회에서 웬 폼? 할지도 모른다. 그런데 음악회에 가면 음악에는 관심이 없고 다른 일에 관심이 더 많은 사람을 가끔 볼 수 있는 것도 사실이다. 하지만 다른 일로 조금 폼을 잡는다 하여도 진정으로 음악을 사랑하게 되는 순간이 올지도 모르니까 상관은 없다. 그렇게라도 음악회에 자주 가기만 한다면….

어찌 되었든 사람들은 저마다의 사연으로 음악회를 갈 것이다. 그리고 그 이유는 무엇보다 좋은 음악을 통해 감동을 느끼기 위해서라고 생각한다. 내가 연주회에서 깊은 감동을 받은 연주회는 아이러니컬하게도 그 이름만 들어도 알 만한 무지무지하게 유명한 '주빈 메타의 뉴욕 필하모니 연주회'나 '보자르 트리오'의 멘데스존 연주, '플라시도 도밍고 리사이틀' 같은 그런 연주회가 아니다. 물론 내가 이러한 대가들의 오묘한 음악적 해석과 연주능력을 구분할 수 있는 귀와 음악적인 식견을 가지지 못했다는 문제도 있을 것이다.

어쨌든 내가 감동을 받은 연주는 1980년대 후반에 있었던 헝가리 라이코 체임버 오케스트라의 초청공연으로, 나의 음악적인 감수성과 관계없이 큰 감동을 받았다. 라이코는 젊은이라는 뜻을 가진 체임버 오케스트라로 연주는 물론 헝가리의 고유한 리

듬에 맞춰 민속무용도 선보이는 그런 공연단이었다. 악기의 구성도 현과 타악기 그리고 챔발로로 이루어졌으며 그 쟁쟁거림이 기억에 많이 남는 연주단이었다. 마치 집시 연주단을 대하는 그런 느낌이었는데 어마어마하게 잘한다기보다는 집시적인 끈끈함이 현에서 묻어 나오는 그런 연주를 들려 주었다.

나는 음악평론가는 아니다. 그러나 연주를 비평적인 입장에서 이러쿵저러쿵 이야기할 입장이 못 된다고 하여도 집시풍의 젊은 아티스트들이 연주하는 <헝가리무곡 5번>은 나에게 너무나 감동적이었다. 이 곡의 음악적인 끈끈함을 그렇게 잘 표현하는 연주는 없었다. 조금 과장하면 지금도 결코 잊혀지지 않는, 그 선율이 아직도 귓가에서 울리고 있는 듯한 착각에 빠질 때가 더러 있다.

유명한 오케스트라가 연주하는 <헝가리무곡 5번>을 수없이 들어보고 명반이라고 하는 레코드와 CD도 많이 들었다. 그러나 <헝가리무곡 5번>에 관한 한 그 어떤 연주도 나에게 아직 그 때만큼의 감동을 가져다주지는 못했다.

사실 나는 레코드나 CD가 아무리 잘 녹음되었어도 연주자들이 직접 연주회에서 연주하는 것만은 못하다는 생각을 늘 가지고 있다. 오디오와 녹음기술이 아무리 발달하여도 연주회에서 쏟아 내는 현장음을 따라 갈 수는 없는 것이다. 그것은 마치 스포츠를 TV중계로 보느냐 아니면 경기장에 가서 보느냐 하는 만큼의 차이가 난다고 하면 별반 틀린 말이 아닐 것이다.

이벤트 정도, 이벤트 변칙

일이란 정도(正道)를 가야 한다.

운동을 좋아하는 사람들은 다 알겠지만 단단한 기초 위에 정식으로 운동을 배워 즐기는 사람은 그저 아무렇게나 배운 사람보다 훨씬 큰 발전을 이루고 성장속도도 빠르다. 어떤 때에는 변칙(變則) 경기에 능한 사람들이 정상적인 경기자들보다 나아 보일 때가 있다. 그러나 변칙 플레이어가 정상을 정복했다는 소식을 들어본 적이 없다.

이벤트는 일종의 과정기술(processing art)이다.

모든 과정을 하나하나 거쳐야 하고 생략해서도 안되는 이벤트에 변칙플레이를 해서 좋을 것은 없다. 그러나 이벤트에서 더러 변칙적인 일이 보여지는 것은 이벤트 자체가 통상적인 일이 아닌 일상을 일탈하는 그러한 맛을 가지고 있기 때문이다. 어쩌면 그 이유 하나만으로도 이벤트는 젊은이들에게 사랑받고 현대사회에서 각광을 받는 분야가 되었는지도 모른다.

이벤트 자체가 일상적인 일이 아닌 특별한 그 무엇이 아닌가? 우리의 일상생활에서 이야기를 만들어 갈 때는 조금 독특한 것을 찾기 마련이다. 그래서 이벤트 이야기는 모두 특별하게 보이는 것이다.

이벤트에 관한 이야기를 하자면 계속해서 다른 사람들이 관심을 가질 만한 것을 말해야 한다. 그러려면 정도에서 벗어난 것을 마치 정도인 양 허풍을 떨어야 하고 돈키호테 같은 짓만을 골라서 이야기해야 한다. 그것을 다 읽은 독자는 결국 "그래, 임마 너 잘났다"라는 말밖에 할 말이 없다. 그러나 독자들은 현명하여 무엇이 정도이고 무엇이 변칙인지 정확히 가려내서 받아들일 것으로 믿는다. 무엇이든 마찬가지겠지만 가능한 한 변칙보다는 정도로 일해야 한다.

이벤트를 하고 있는 사람들은 대부분 돈키호테 같은 변칙 이야기 몇 개씩은 가지고 있다. 그리고 친구들에게 재미로 그 이야기를 할 때는 그러한 변칙이 마치 정도인 양 말한다. 물론 삶에서 그것이 청량제 역할을 한다는 것쯤은 알고 있다. 그러나 변칙은 변칙이고 정도는 정도라는 사실을 명심하자.

자기 스스로 잘났다고 말하는 사람은 미국의 빌 클린턴 대통령말고는 별로 없을 것이다. 나는 혐오감을 줄 정도는 아니지만 친구들이 사장 비서실에 발령난 본인을 보고 KBS에는 그렇게 인물이 없느냐고 놀렸을 정도의 수준이다.

그러한 내가 상대로부터 미남이라는 대답을 얻어 낼 수 있다. '예스 게임'이라고 이름을 붙인 것인데 논리적으로 질문을 전개하여 대답을 유도하면 그 질문에 따른 답변으로 미남이나 잘난 사람이 될 수 있는 게임이다.

예를 들어보겠다. 세상에서 아이를 보고 못 생겼다고 하는 사람은 드물다. 여러분이 결혼해서 아이들이 있다면 아이들의 사진을 한 장쯤은 가지고 다닐 것이다. 결혼하지 않아도 조카나 동생, 가족사진을 가지고 다닐 수 있다.

나는 아들 사진을 가지고 다닌다. 여러분도 비교적 당신과 닮았다고 생각되는 아이의 사진을 가지고 당신을 못 생겼다고 구박하는 옆의 동료에게 질문을 시작해 보라.

우선 슬그머니 아이 사진을 보여 주면서 이렇게 질문한다.

"이 사진에 있는 아이가 이쁜가요?"

"참 예쁘네요."

"내 아들인데요."

"아버지보다 낫네 뭐."

"그런데 저를 닮았어요."

"정말 똑같은데요."

"이 아이 잘 생겼어요."

"그럼요."

"저 닮았다면서요."

"예."

"그럼 저도 잘생겼겠네요?"

"?!!"

여간 강심장이 아닌 다음에야 남의 아이를 못 생겼다고 말할 수도 없고 또 그 아버지의 아들을 닮지 않았다고 말할 수도 없다. 그래서 필연적으로 "예"라고 대답할 수밖에 없는 것이다. 이 것이 내가 말하는 '예스 게임'이다. 만약에 여러분을 못 생겼다고 놀리거나 구박하는 사람이 있다면 이런 식으로 질문을 해서 논리적으로 증명해 보이자. 난감한 분위기가 아니라면 재미로도 괜찮은 지적 놀이가 될 수도 있다.

모든 것에 이렇게 대답을 유도할 수는 없겠지만 그래도 알아 두면 섭외를 하거나 변칙 플레이로 한 번쯤은 써볼 만하지 않을 까?

이벤트 실전에서 단 한 번 이런 예스 게임을 응용하여 결정적 인 순간에 내가 원하는 것을 얻는 데 성공한 경험이 있으나 개 인의 명예 관계로 이야기할 수 없음을 고백해야겠다. 그 사람의 인격도 있고 또 합리적인 생각으로 도와준 것인데 내가 게임을 했다거나 또 그 사람이 말려들었다고 생각한다면 그의 인생에 나쁜 영향을 줄 수 있기 때문이다.

일상이 따분하지 않고 상큼하려면 약간의 변칙 같은 일들이 청량제가 될 수 있다. 그리고 이벤트의 속성상 이런 변칙들은 오히려 정상적인 것같이 보일 수도 있다. 그러나 이벤트는 변칙이 아니다. 다시 말하면 이벤트는 과정기술이기 때문에 정확히 한 계단 한 계단 순서대로 해야 하며 그렇게 하지 않을 경우 기획자 본인은 편할지 몰라도 다른 사람이 불편해진다.

이벤트를 기획하는 근본적인 이유는 사람을 위해서 하는 것이다. 내가 좋거나 편하기 위해서 타인이 고통을 받아야 한다면 왜 이벤트를 기획하는지 스스로 물어 보아야 할 것이다.

한강과 여의도

강은 많은 이야기를 담고 있다. 한강을 지날 때면 언제나 많은 생각들이 스쳐 간다. 강은 역사가 있어 가장 민족적이다.

6·25 때는 하나밖에 없었던 인도교가 폭파되어 수많은 피난민들이 고통을 받았고, 서울 수복을 위해 유엔군이 도강을 하였다. 5·16혁명 때는 정권을 위해 군인들이 강을 건넜고 가난했던 1950, 60년대는 많은 젊은이들이 꿈을 실현하기 위해 새벽 기차를 타고 서울로 넘어 왔던 강이 한강이다.

한강은 민족의 아픔과 희망을 함께 가지고 있는 강이다. 1960년대 중반에만 하여도 인도교(제1한강교)와 철교뿐이었던 한강은 우리나라 근대화의 진행 과정만큼 다리의 숫자가 늘어갔다.

1960년대 중반 처음 서울에 온 나는 그 해 얼마나 촌놈 노릇을 하였는지 모른다. 내가 살던 시골에서는 모두 앉은뱅이 썰매를 타고 얼음을 지쳤는데 서울에 오니까 또래의 아이들은 모두 서서 스케이트를 타고 씽씽거리며 한강을 가로질러 다녔다. 얼마나 부러웠던지 나도 서울 아이들처럼 스케이트를 타보겠다고 한강에서 얼음판을 지치다 수없이 넘어지고 또 넘어졌다. 저녁

늦게 집으로 돌아와서 보면 엉덩이 옆이 시퍼렇게 멍들어 있었
다. 그 해 스케이트를 배우느라 넘어져 시퍼렇게 멍든 엉덩이는
봄이 되어서야 겨우 제 색깔을 찾을 정도였다.

그때는 한강의 인도교 아래서 얼음 깨어지는 소리에 가슴 조
이며 흑석동 국립묘지 이수교 앞까지 스케이트를 타곤 했었다.
지금은 오염 때문인지 지구 온난화 현상 때문인지 한강이 전부
얼어붙는 겨울을 본 지가 매우 오래된 느낌이다.

나는 직장이 여의도에 있는 것을 기쁘게 생각한다. 한강이 있
기 때문이다. 실패와 두려움으로 인하여 좌절과 소외로 인하여
고통받을 때 강을 바라볼 수 있다는 것은 인생의 축복이다.

삶에서 때로는 무심으로 때로는 고통으로 찾아 왔을 때에도
강은 결코 우리를 실망시키지 않는다.

강은 새로움과 넉넉함으로 늘 위로를 준다.

강은 어머니의 품처럼 깨끗한 것도 더러운 것도 모두 포용한
다. 강은 모든 것을 안고 흘러가면서 스스로 정화한다. 우리의
시간까지도….

우리가 바라보는 강은 이미 어제의 강이 아니다.

강은 쉼 없이 흘러 언제나 새롭다.

이벤트를 기획하다가 좌절에 빠지거나 산뜻한 생각이 떠오르
지 않으면 언제나 찾아 왔던 강이다. 강은 생각할 수 있게 하고
위로를 준다. 그래서 사람들은 강가에 사는지 모르겠다.

4대 문명의 발상지가 강가에서 시작된 것처럼 프랑스 파리의
세느강, 영국 런던의 테임즈강, 미국 워싱톤의 포토맥강 등 세계
의 유명한 도시들은 대부분 강을 끼고 있다. 우리나라도 일찍이
한강유역, 금강유역, 낙동강유역, 영산강유역 등 강을 중심으로
문화가 발달하고 도시가 발전해 왔다. 학자들은 취수와 하수 문
제 등으로 강을 끼고 있어야 도시가 성장할 수 있다고 말하지만
삶의 의미로서도 사람들 곁에 강은 언제나 필요하다.

해외여행 자유화로 해외여행을 다녀온 사람들이 많아진 지금, 다들 우리 한강만큼 아름다운 강이 흔치 않다는 것에 동의하는 데 별로 주저하지 않을 것이다. 이처럼 아름다운 강을 가지고 있어 자랑할 만함에도 그 아름다움을 모르고 살았으니 그동안 우리는 자신을 너무 비하시키지 않았는가 하는 생각마저 든다. 한강은 참으로 아름다운 풍경을 가진 강이다. 주변의 산과 도시와 강의 어울림은 세계 어느 나라에 내놓아도 빠지지 않는다.

한강의 기적을 말 없이 대변하는 표상이 바로 여의도이다.

밤섬에 사람이 살고 숲이 있었던 그리고 홍수가 나면 범람해서 오히려 풍요로워지는 한강 하류의 작은 섬이었던 여의도.

1916년 일본 군용기의 이·착륙을 위한 활주로와 격납고로 사용되다가 해방 후에는 민항기 공항 역할을 하였다. 내가 배웠던 고등학교 교과서에는 "멀리 당인리 발전소에는 은빛 날개가 날고…"라는 표현이 있다. 그렇다! 서울에서 보면 여의도나 당인리 발전소는 분명히 멀리 있었다. 멀리 떨어져 비행기나 날아 다니는 곳이었다. 103인의 순교자가 모셔져 있는 우리나라 천주교의 성지 절두산이 마주 있는 여의도는 예전에는 정말 서울에서 떨어진 곳이었다.

덜덜거리는 경운기에
아내와 어린 딸을 싣고
돌아오는 농부의 모습은 아름다웠다
그러나
마을은 이제 평화한 옛마을은 아니었다

—이시영, 「마포를 지나며」

땅콩밭과 채소밭이 있어 아내와 아이들을 싣고 가는 곳이 여의도였고 돌아오는 곳은 마포인, 아직 촌스러움이 남아 가슴 따뜻한 여의도였다.

현재의 여의도는 고 박정희 대통령 시절 우리나라 근대화를 위한 개발과 한강의 기적의 상징으로, 1968년 밤섬을 폭파하고 1971년 9월 섬을 둘러싼 윤중제방을 축조하여 만들어진 것이다. 비행장과 격납고가 없어진 대신에 여의도는 국회와 KBS, MBC, SBS 방송국이 들어섰고, 증권사, 은행, 종합금융사들이 즐비하게 늘어서 정치와 방송, 금융의 총본산이 되었다.

강을 따라가면 거대한 아파트 군락이 많지만 제눈에 안경이라고 이벤트를 하는 나에게는 잠실 경기장들과 여의도가 가장 눈에 잘 들어온다. 여의도에는 63층 건물인 63빌딩이 있고, 우리나라에서 제일 넓은 광장인, 한때 5·16 광장이라고 불렀던 여의도 광장이 있었다.

그 여의도 광장에서는 정말 많은 이벤트가 있었다.

내가 군대에 있었던 1970년대 초반만 해도 국군의 날 행사가 여의도 광장을 메웠으며, 나라의 축제로 만들려고 했던 국풍, LA 올림픽개선 국민축제, 시민 아침달리기 대회, 풍년제, 기독교 부활절 연합예배, 교황 요한 바오로 2세 방한기념 행사, 석탄일 행사, 한강축제, 대통령 선거유세장, UR반대 농민궐기대회 등등 수많은 이벤트들이 우리 기억의 망막에 스크린처럼 스쳐간다. 나는 이러한 이벤트의 참가자로 혹은 기획자로 여의도 광장에서 인생의 대부분을 보냈다. 여의도는 우리 시대의 대형 이벤트의 메카라고 불러도 손색이 없을 것이다.

여러분이 관광이나 회의 등 여러 가지 이벤트를 기획하다 보면 외국인들을 초청하고 국내 관광일정을 짜야 할 때가 있을 것이다. 특히 일본, 중국 등 아시아 사람들이 그 대상이라면 민족적인 색채가 너무 진하게 배어 있는 고궁이나 박물관 등은 거부감을 느낄 수 있어 어디로 안내해야 할지 막막할 때가 있다. 유럽이나 미주 지역의 사람들에게는 박물관이나 고궁 등도 좋겠지만 아시아인을 대상으로 할 때는 적절치 않을 수 있는 것이다.

템즈는 영국스럽고, 세느는 프랑스답다고 말하는 것은 강이 강렬한 민족적 색채를 풍기고 있다는 의미이다. 강은 그 나라의 많은 이야기와 문화를 담고 있지만 사람들에게 별 거부감을 주지 않는다. 박물관이나 고궁 등보다 더욱 강렬한 민족의 역사와 숨결이 배어 있는 강에 거부감이 들지 않는 이유는 아마 강의 모성적 품성 때문일 게다.

이럴 때 한강의 유람선을 태워보라. 괜찮다. 해질녘과 어둠이 내리 깔릴 때 한강 유람선을 타 본 사람은 알겠지만 정말 아름답다. 우리나라 사람들이라도 안내할 만하다. 혹여 강이 전하는 그 내밀한 이야기를 듣게 될지도 모른다.

낮에는 63빌딩에서 서울과 한강을 조망하고, 일몰에 맞추어 유람선을 태우고, 밤에는 서울의 야경을 볼 수 있는 남산타워를 안내하면 "원더풀"한다.

현대사회에서는 문화의 계승이나 전수 또는 표현의 한 방편으로 이벤트를 실시하고 있다. 이러한 측면에서 한강과 여의도는 우리나라 현대 문화의 전수지라고 할 만하다.

경제개발의 기적으로 상징되는 한강은 유유히 오늘의 역사를 담고 흐른다.

이벤트와 이벤트 수상

만약 사람들을 좋은 사람, 나쁜 사람이라는 이분법으로 구분한다면, 이벤트를 하는 사람들 중에는 나쁜 사람들이 별로 없을 것이다. 왜냐하면 그들은 일에 대한 감동 때문에 스스로 이벤트를 하고 또 그 감동을 다른 사람들에게 전달해 주려고 때문이다.

한 예로 어떤 조직에서 순차적으로 떠밀려 된 경우가 아닌, 선출되어서 그 조직의 총무를 맡은 사람들이 인간적으로 또는 인격적으로 좋은 사람이 많은 것과 마찬가지 경우이다. 그들은 봉사자들이기 때문이다.

이벤트를 기획하는 사람들 역시 봉사자들이다.

돈을 벌기 위해 홍행성을 가진 이벤트를 기획하는 것도 사실이지만 이벤트는 커뮤니케이션의 수단으로 사용되는 특성 때문에 수신자가 내용에 따라 거부할 수 있다. 그렇기 때문에 돈 벌욕심으로 이벤트에 종사하는 사람이 혹 있더라도 그들 마음대로 되지는 않는다.

이벤트계에 있는 사람들은 약간씩 사기성(?)을 가지고 있다.

애교 섞인 사기성이라고나 할까? 아무튼 이 세상에서 뭐든지 제일 많이, 제일 잘 알고 있는 것처럼 말한다. 유명한 사람, 높은 사람들도 다 잘 아는데 그 사람들 알고 보면 다 그렇고 그렇다며 마치 세상을 통달한 듯 말한다. 그러다가 행사를 기획해서 협찬사 하나 구하라면 울상이다. 그토록 위풍당당하던, 그토록 높은 사람, 유명한 사람 많이 알고 있다던 사람이 협찬사 하나 구하는데 왜 그리 힘드는지, 뭐 좋은 일 해보겠다고 설치는 것이니까 그리 추해 보이지는 않지만 어쨌든 재미있는 사람들이 많다.

사실 이 바닥에 발을 들여놓은 사람들은 일을 고생이라고 생각하지 않는다. 일하다가 안될 때는 죽겠다고 아우성치기도 하지만 대부분 일을 재미로 안다. 내가 이것 안하면 뭐 못 먹고 사겠는가, 이 일만 끝나면 당장 때려 치우겠다고 말한다. 계속한다는 사람이 별로 없다. 그런데 정작 일 끝나고 며칠만 지나면 내가 언제 그런 말하였느냐는 듯이 또 새로운 일을 기획한다. 건망증이나 치매증이 있는 사람이 아닌가 하는 생각이 들 정도이다.

이벤트는 달콤함과 고통이 함께 존재하기 때문에 좀체로 그 유혹을 떨쳐 버리기 힘들어 아편과 같다고 말한다. 만약에 여러분이 이벤트를 한다면 고독과 좌절을 맛볼 것이다. 그러나 대신 진한 감동을 선물로 받게 된다. 어차피 사는 일이란 결과가 아니고 과정이 아닌가? 여러분이 과정을 중요시하는 사람이라면 이벤트를 하라고 권하고 싶다.

나는 스스로 말이 많은 편에 속한다고 생각한다.

아마 이벤트 때문인 듯한데 경험에서 나온 수많은 이야깃거리가 있어 보따리 풀어 놓으면 나도 모르게 술술 나오는 모양이다. 나는 늙어서 움직이기 힘들게 되어도 회상할 것이 많아서 심심하지는 않을 것이다. 지금도 자유롭게 생각할 시간이 주어지면 이벤트에 대한 회상으로 남 모르게 혼자 빙그레 미소지을 때가 많다.

이벤트는 마치 마약과 같다.

나 역시 이벤트를 기획해서 어려움에 부딪치면 내가 왜 사서

이 고생하는가라고 말하다가 며칠만 지나면 또 무엇을 할까 하고 일 저지를 궁리를 한다. 연극하는 사람들의 이야기를 들어보면 다시는 연극을 하지 않겠다는 이야기를 제일 많이 한다고 한다. 그러나 힘들다고 연극계를 떠나는 사람들은 별로 없다.

그 짜릿한 감동을 어느 곳에서 맛볼 수 있겠는가?

때문에 다시 돌아온다. 그곳에는 좌절이 있고, 허무가 있고, 고독이 있고, 쓰디쓴 맛이 있지만 진한 감동이 있다. 함께 하기 위한 이벤트이지만 '함께'를 만드는 자들의 몫은 외로움일 수 있다. 그러나 창조의 작업과정에서 오는 전율할 만한 외로움이 있기 때문에 오히려 이벤트를 사랑할 수 있다.

이벤트는 외로울 수 있어 우리에게 순수를 선물하다.

연기자가 박수를 받고 떠나고, 사람들로 채워졌던 공간이 외로운 모습을 드러내면 막 올려진 무대에는 다음 공연을 준비하는 사람들의 바쁜 손놀림이 있다. 박수쳐줄 관객도 수고했다는 위로를 건네줄 사람도 없는 빈 무대와 객석을 바라보는 이벤트 연출자의 외로움은 영혼을 성숙하게 만든다. 외롭지만 진한 감동이 있다면 성공한 삶이다.

성공한다는 것은 많은 의미를 담고 있다.

그 의미는 각자에 따라 다를 것이다. 어떤 이는 높은 지위를 얻는 것이고, 어떤 이는 명예를 얻는 것이다. 성공은 출세하고 돈 많이 벌고 명예를 얻고 하는 그런 통속적인 것일 수 있다.

그러나 어떤 이들은 삶의 내면적인 가치에 성공의 기준을 두기도 한다. 종교적인 사람들은 신의 뜻대로 살았다면 성공한 삶이라고 말한다. 이름을 남기지 못했지만 원하는 것을 하거나, 자신만의 독특한 세계를 구축하며 사는 것도 다 성공했다고 할 수 있다. 많은 감동으로 점철되어도 성공한 삶이다. 그것은 인생의 진한 고통 뒤에 찾아온 성공이 아니고 살아가는 짜릿한 감동 때문일 것이다. 널리 이름을 알리지는 못했지만 그래도 추억하면서 산다는 것은 죽는 것보다는 재미있는 일이다. 그래서 '개똥밭에 굴러도 저승보다 이승이 낫다'고 말하는 게 아닐까?

성공했다고 이름난 이들의 삶도 흥미롭고 본받을 만하지만, 크게 이름을 떨치지 못해도 삶의 현장에서 인간미 물씬 풍기며 치열하게 그리고 열심히 살아가는 삶도 참으로 중요하다. 어쩌면 그들이 더 순수한 아름다움을 가지고 사는 사람일지도 모른다. 포장되지 않은 그들의 삶을 통해 우리는 진정으로 살아가는 법을 배운다. 그들은 어디에 살든지 간에 신으로부터 빛나는 은총의 축복을 받을 것이다.

사람이 멋있게 보이는 이유야 가지가지다.

보는 사람의 취향이나 문화적인 차이에 따라 '멋있다'는 기준은 분명 다르지만 내 눈에는 어떤 일이든 스스로 일에 열중하고 그로 인해서 다른 사람들에게 기쁨을 주는 사람이 멋있어 보인다. 조수미도, 아놀드 슈왈츠제네거도, 김지미도, 마이클 조단도, 윤시내도, 조용필도, 장애로 인해 움직이기조차 힘든 천재 물리학자 홉킨스 박사도 다 멋있다. 내면의 기쁨을 가지고 일에 몰두하여 열심히 사는 사람은 정말 멋있는 사람이다.

내가 대학에 다닐 때 합창단에 속해 있던 후배가 하나 있었다. 사실 이쁘다기보다는 약간 자유방임형으로 생긴 후배였는데 어느 날 그가 학우들 앞에서 열심히 노래 부르는 모습을 보았다. 정말 아름다워 보였다. 내가 나중에 친구들에게 그 이야기를 하였더니 자신들도 그렇게 느꼈다고 하였다. 노래를 특별히 잘했던 것도 아니고 갑자기 미인이 될 리도 없었겠지만 자신의 일에 몰두하여 열심히 노래 부르는 모습이 사람들로 하여금 아름답게 느끼도록 한 것이다.

젊은이는 꿈꾸며 살고, 늙은이는 추억하며 산다.

노인이 되어 추억으로만 살아야 한다면 이벤트를 하라고 권하고 싶다. 이벤트 자체가 많은 추억거리를 만들어 주기 때문이다.

사람들은 각자 나름대로 감동 넘치는 추억의 한가운데서 살고 있다. 이벤트는 그러한 감동을 본인만이 간직하고 사는 것이 아니고 많은 사람들에게 전달한다. 그리고 그 감동을 함께 공유하며 산다.

업무가 가져다 주는 여러 가지 어려움과 문제들을 풀어 가는 방법으로서 이벤트적인 발상이 나에게 많은 도움을 주었음을 말하지 않을 수 없다.

세상에 쉬운 일이 어디 있을까마는 돈을 받는 직업은 정말 어렵다. 돈을 달라고 했을 때 좋아하는 사람은 거의 없다. 내가 우리 회사에서 TV수신료를 받는 직책을 가지고 춘천에서 근무하던 시절이었다. 가가호호를 방문하다 보면 뜨거운 한여름에 시원한 냉수 한 그릇을 내놓는 좋은 사람이 있어 사는 기쁨을 맛보기도 하지만 그렇지 못할 때가 더욱 많았다. 나는 그러한 순간순간에 야유회, 산행, 티(tea) 미팅, 각종 스포츠 대회 등 사람들이 재미를 느낄 수 있는 이벤트를 기획하여 스트레스도 풀고 어려운 중에서도 즐겁게 지냈다.

이벤트는 이렇듯 우리의 일상생활 주변에서 생각하기에 따라 여러 각도로 적용할 수 있다. 어쩌면 우리는 실제로 알거나 느끼지 못한 채 이벤트를 생활 속에 융해시켜 실행하며 살고 있는지도 모른다. 그러나 이왕이면 이벤트를 조금 알고 산다면 도움도 되고 기쁨도 더할 것이라 생각된다.

이벤트를 알고 살자.

삶이 달라질 수 있다.

아름다운

더 알아두면 좋을 몇 가지

계약서

계약서의 작성에는 대표적인 두 가지 양식이 있다. 하나는 계약서이고 다른 하나는 약정서이다. 굳이 구분하여 사용하지 않아도 무방하지만 그러나 일반적인 의미로 계약서(contract)는 대체로 물질적이고 금전적인 거래가 있을 때 사용하고 약정서(agreement)는 물질적인 거래가 아닌 계약의 용어로서 사용하고 있다.

여기서 제시된 출연계약서는 계약의 한 형태를 보여주는 것이지 꼭 이와 같은 형태나 내용으로 작성하라는 것은 아니다. 상황에 따라 내용을 자유자재로 작성할 수 있다.

<출연계약서>

한국방송공사(이하 "갑"이라 한다)와 출연자(이하 "을"이라 한다)는 "갑"이 창사기념을 위해 추진하는 공연의 출연을 위해 다음과 같이 계약을 체결한다.

제1조. (공연의 개최) "갑"은 다음의 공연을 개최한다.
 1. 공연명:
 2. 일시:
 3. 장소:
제2조. (출연 및 역할)
 1. "을"은 "갑"이 개최하는 공연에 출연한다.
 2. "갑"의 공연에서 "을"의 (배역 및 역할)은 (홍길동)이다.
제3조. (공연을 위한 연습) "을"은 "갑"이 실시하는 공연을 위한 연습에 참가하여야 한다.

1. 연습시간

2. 연습 횟수

3. 연습장소

제4조. (의무)

가. "갑"의 의무

"갑"은 동 공연이 성공적으로 성사되도록 최선의 노력을 하여야 한다.

나. "을"의 의무

1) "을"은 "갑"이 개최하는 공연에 인정한 10일 이내의 다른 공연에 출연할 수 없다.

2) "을"은 "갑"이 개최하는 공연의 리허설 및 홍보활동에 참가하여야 하며 "갑"과 협의 없이 불참할 경우 위약금을 변상하여야 한다. 이 경우 위약금은 별도로 정한다.

제5조. (출연료)

1. 출연료: 총일백오십만원(세금포함 혹은 부가세별도)

2. 지급시기: 총 3회에 걸쳐 지급하되 계약 시 오십만원 첫번째 리허설시 오십만원, 공연 당일 전액 오십만원을 지급한다.

3. 지급방법: "을"이 지정하는 은행의 구좌로 입급하되 수수료는 "을"이 부담한다.

제6조. (홍보)

1. "갑"은 동공연의 성공을 위하여 최선을 다해 홍보하여야 한다.

2. "을"은 동공연의 홍보를 위해 신문, 방송, 기타 매체의 출연 및 취재 인터뷰 등 "갑"의 요구가 있을시에 이에 응하여야 한다. 단, 기간은 1999년 ○○월부터 공연 당일까지로 하며 총 ○○회를 초과하지 않아야 한다.

제7조. (손해배상 및 면책)

1. 약정서상의 의무와 역할을 수행함에 있어 고의 또는 과실로 손해를 끼쳤을 경우에는 상호 이를 배상하여야 한다. 배상의 범위와 기준은 상호협의하되 일반적인 판례와 법이 정하는 바에 따른다.

2. 천재지변 등 불가항력으로 본 약정서상의 의무를 이행할 수 없
는 경우에는 상호 그 책임이 면제된다.

제8조. (저작권)

1. "갑"은 "갑"이 주최하는 공연의 방송권(유·무선, 위성방송) 복제,
배포권, 음반출판권, 출판권, 2차적 저작물의 작성권, 전자적 기록매체
(LD, CD-ROM, DVD 등)와 기타매체(PC통신, 팽, 인터넷 등)에 수록,
판매 이용할 권리를 갖는다.

2. "을"은 갑의 동 공연의 저작권에 대한 "갑"의 권리에 의의를 제
기하지 않는다.

제9조. (재판 및 관할법원) 본 약정을 이행함에 발생하는 모든 문제
는 먼저 "갑"과 "을"이 성실히 협의하고, 분쟁의 판정에 관해서는 "갑"
소재지 관할 법원에서 해결한다.

제10조. (부칙)

가. (시효) 본 계약은 쌍방 당사자가 합의, 서명한 날로부터 유효하다.

나. (작성보관) 동 계약을 성실히 이행하기 위하여 2부를 작성하여
서명 날인하고 "갑"과 "을"이 각각 한 부씩 보관한다.

"갑"
영등포구 여의도동 18번지
한국방송공사
사장 ○○○ 인

"을"
영등포구 여의도동 1번지
성악가 ○○○ 인

　다음과 같은 간단한 출연동의서나 약식 계약서를 만들어 사용
하는 것도 효과적이다.

공연기획 예술문화 사장 ○○○ 귀하

출연동의서(계약서)
　1. 공연개요
　　가. 공연명
　　나. 공연일시
　　다. 공연장소
　　라. 공연주최
　2. 출연자
　　가. 주소
　　나. 주민등록번호
　　다. 성명
　3. 출연조건
　　가. 출연료
　　나. 홍보 및 연습활동 협조

공연기획 예술문화가 주최하는 공연에 위의 조
건으로 출연을 동의합니다.

199 년　월　일
성명　　(자필서명)　(인)

한국전통음악 일본공연 사전답사 체크리스트

체크리스트는 상황에 따라 조건에 따라 다른 것이다. 그러나 무엇보다도 중요한 것은 비교적 정확한 일정과 공연 프로그램을 미리 확정해서 답사를 가는 것이 중요하다. 해외공연은 여러 번 답사하도록 사정이 허락되지 않는다. 그래서 가능한 한 한 번에 모든 일을 정리해 두어야 한다는 것을 명심해야 한다. 내가 가장 많이 해보았던 우리 전통음악을 가지고 3박4일의 일정으로 일본의 재일 거류민단의 초청으로 도쿄에 가서 공연을 한다고 가정을 하고 가장 간단한 형태의 해외공연의 사전답사의 체크리스트를 작성해 보자. 사실 해외공연이나 국내공연이나 사전답사의 체크리스트는 크게 다르지 아니하다. 이 체크리스트가 일반적인 공연에서 원용될 수 있을 것이라고 믿는다.

<연주여행 사전답사 준비 목록>

1. 공연단 일정
 ─ 연주여행 일정
가능한 한 정확한 일정을 제시하여야 숙박·교통관계를 명확히 할 수 있다.
2. 공연 프로그램: 공연장과의 회의 및 계약을 위함
 ─ 음향계획
 ─ 조명계획
 ─ 무대계획
 ─ 등·퇴장 도면
 ─ 진행 큐시트
별도의 음향, 조명, 무대 담당의 기술자가 동행하여야 하나 불

가할 경우 공연 진행 큐시트를 명확히 작성하여 도면과 팩스 등
으로 협의가 가능하다.
　3. 출장시 접촉 대상자 및 연락처 확보

<연주여행 사전답사 별도 조사사항>

　1. 이동
　　- 이동 차량
차량 대수, 이동구간, 이동 및 대기시간, 차종
　*이동에 관한 정확한 일정을 확정하여서 답사를 가야 한다.
　　- 계약
　　- 각 구간별 담당자, 연락처, 특이상황 발생시 연락처
　　- 대기장소(각 구간별)
　　- 사용료
　2. 숙박시설
　　- 숙박시설 확인
　*시설, 숙박비, 부대조건, 담당자, 연락처(전화, 팩스) 등을 확
인해야 함
　　- 부대시설 이용관계
　　- 숙박시설 안내지
　*홍보용 안내 팸플릿 수집
　3. 식사 관계
　　- 식당(활동범위 내의 식당 일람표, 메뉴, 가격, 위치도 등)
　　- 특수상황 주문식당 조사
　*공연 당일에는 이동할 수 없는 점을 고려하여야 함
　4. 부대행사
　　- 환영식, 리셉션, 해단식
주최자, 진행순서, 참가자 역할

<사전 답사시 일정별 체크리스트(확인 및 협의사항)>

• 전제조건 •

일본 혹은 중국지역의 3박4일 가상 해외공연으로 한인회 등의 현지 단체에서 초청하는 것을 기준으로 하되 출국, 무대설치, 본공연단 도착, 리허설, 공연, 입국을 일정으로 하는 사전답사 체크리스트이다. 단 무대설치를 위해 스태프가 사전 출장하고 현지 조직이 수행해야 할 관객관리나 홍보 등의 업무는 배제하고 체크리스트는 편의상 일정별로 작성하였다.

일정	주요내용	확인 및 협의 사항(체크리스트)
1일 오후		
	스태프 출국	·공항료 및 입출국 수속 절차의 부담금액 확인
	스태프 회의	·공연장과 회의개최 협의 －일정, 장소, 참가자, 회의 내용확정 　＊공연장 기술자와 공연진행 스태프와의 회의 개최임 ·현지 통역 및 진행 인력 확보 ·통역진행요원이 스태프 회의에 참석해야 함 ·기술적인 용어 통역가능자 확보
	휴식	·숙소 및 주변의 휴게·오락시설 조사 －항목, 사용절차, 방법, 사용료, 위치, 특징 등 　＊시간이 남는 공연단원을 위함
2일 오전		
	무대설치	·무대도면 확보 ·극장 안내도 확보 ·무대세트(제작, 설치기간) 　＊보통 세트는 사전제작하여 현장에서 설치 사용함 ·조명(종류, 수량, 특수조명여부, 사용료) ·음향(기기, 운영방법, 종류, 수량, 사용료) ·특수장비(안개발생기 문자처리기 등 특수장비) ·전력 및 용량 ·방송녹화의 경우 전압과 용량의 확인이 필요함 ·무대장비리스트 　＊출장 전에 준비하여 현장에서는 비교 확인함

일정	주요내용	확인 및 협의 사항(체크리스트)

2일　오전

| | 무대설치 | ·대관계약체결
　＊국가에 따라 극장은 기본시설만 있고 조명,
　　음향 등을 외부에서 임차하는 경우도 있음
　＊설치초과비용(시간, 장비) 사항을 별도 확인함
　·통역 및 진행요원 확보 계약 |

**　오후**

	본공연단 도착	·환영행사여부 확인 ·행사장소, 진행순서 협의
	이동	·공연단의 이동에 관한 세부적인 일정표를 제시함 　＊이동거리, 대기시간, 목적지, 이동수단, 인솔 　　및 안내, 요금, 이동대상(사람, 장비 등) 등을 　　협의 계약함 ·협의 후 계약은 추후 할 수도 있음
	공연단 극장 방문	·공연단의 극장방문은 현장감을 익히기 위함 　＊답사시 공연단의 극장 견학 시간을 극장측과 　　협의함
	스태프의 테크 니컬 리허설	·기술적인 리허설로 하지 않을 경우도 있음 ·무대관계자와 리허설의 방법, 시간 등을 협의 약속함
	공연단 환영만찬	·주최자와 협의 ·주최자(호스트), 순서, 시간, 장소 등 협의 완료
	휴식	·숙소계약 　＊숙소는 반드시 확인이 필요함 　＊트윈, 싱글, 더블, 스위트 등의 방 구조를 확인함 　＊부대시설과 호텔안내서를 확보함

3일　오전

| | 리허설 | ·정확한 리허설 시간을 극장측과 협의 약속함 |
| | 중식 | ·극장 근처의 식당 리스트 및 메뉴 조사
　＊출연자가 연습중으로 멀리 이동하기 어려움 |

3일　오후

| | 드레스 리허설 | ·시작 및 종료시간을 정확히 함
　＊사진 촬영이나 홍보를 위한 리허설임
　＊출연자에게 휴식시간을 주어야 함으로 짧게 함 |

일정	주요내용	확인 및 협의 사항(체크리스트)

3일 오후

	석식	·가능한 한 배달로 할 수 있는, 간식 정도의 메뉴로 하고 출연자에 따라 식단의 구분이 필요함 ＊분장을 한 상태로 외출이 어려움
	휴식	·공연을 위한 준비와 휴식시간이 필요함
	공연	·공연 프로그램 제시 및 설명
	쫑파티	·쫑파티 겸 석식으로 준비 계약 ＊보통 공연 후 식사를 하는 출연자가 많기 때문에 공연 종료 후에 식사를 함 ＊출연자와 주최자를 위한 파티로서 편안하게 진행될 수 있도록 준비

4일 오전

	호텔 체크아웃	·오전시간에 호텔을 체크아웃하고 여분의 시간을 활용할 수 있도록 함
	관광 및 자유시간	·안내자 확인(주변지리에 밝고 관광안내 가능한 요원 확보)
	귀국	·항공스케줄의 재확인 연락처 확보
	해단	·해단식이 있을 경우 개별적으로 통보함

눈과 얼음 축제들

한국 대관령 눈꽃축제 (용평 눈축제)	강원도 평창군 횡계에서 매년 1월과 2월 사이에 개최하는 눈꽃 축제는 용평리조트의 대관령눈꽃축제위원회에서 주최한다. 눈조각 경연대회를 개최하여 대상수상자들는 이듬해 일본 삿포로 국제눈축제에 한국대표팀으로 참가하며 황병산 사냥놀이, 눈사람 페스티벌, 겨울사진공모전, 썰매타기대회, 외국인 스키페스티벌 등의 행사내용으로 꾸며가고 있다.
한국 무주눈축제	무주 리조트에서 매년 1월~2월 사이 개최하는 눈축제는 얼음조각, 눈썰매경주대회, 연날리기대회 등의 행사로 꾸미고 있다.
한국 알프스눈축제	매년 강원도 고성군 간성읍의 알프스 리조트에서 1월과 2월 사이에 개최하며 주행사는 일본·대만의 동남아시아 국가들의 스키어가 참가하는 아마추어 스키대회가 있다.
한국 설악눈꽃축제	설악눈꽃 축제위원회에서 매년 1월~2월 사이에 개최하며 설악산 토왕폭포에서 빙벽등반대회, 예쁜 눈사람 만들기, 설악산의 겨울사진전, 팔씨름대회, 제기차기, 얼음 위 오래 서 있기 등의 행사를 개최한다.

한국 태백산눈축제 강원도 태백시에서 1월~2월 사이에 개최하는 눈
축제는 도립공원 눈썰매장에서 눈조각전, 마을사
람 눈사람 만들기 대회, 눈썰매대회, 눈꽃 아가씨
선발대회 등의 내용으로 개최하고 있다.

일본
삿포로눈축제 삿포로 시내 오도리 공원과 마코마나 수수기노
지역에서 매년 2월에 개최된다. 1950년 고교생들
이 공원에 모여 6개의 눈 동상을 만든 것이 시초
가 되어 주민들이 참여하고 삿포로시 당국이 이
를 공식 행사로 지정했다고 전해지고 있다.

일본
가마쿠라눈축제 일본의 아키다 지방에 400년을 이어져 내려오는
가마쿠라 눈축제는 눈덩이를 크게 쌓아 그 속을
파서 만든 방(가마쿠라)에 물의 신을 모셔둔다.
촛불을 밝혀 드러나는 가마쿠라의 모습은 마치
동화 속의 한 장면을 연상케 한다.

중국
하얼빈빙등축제 매년 1월 4일 시작되어 2개월 동안 중국 하얼빈에
서 열리는 빙등제는 시내를 관통해서 흐르는 쑹화
강에서 채취한 얼음을 가공해 내부에 등을 넣고 조
각한 것으로 시내 자오린 공원에서 열리는 얼음등
유원회가 백미이다. 기간 중 아이스 서핑, 스케이
트, 썰매타기, 얼음조각, 눈 사람 만들기 등의 행사
가 펼쳐진다.

중국 용경협빙등제 하얼빈 빙등제의 축소판으로 그 규모는 적으나
베이징에서 북서방향으로 약 80km 정도 떨어진
천연대협곡에서 개최되어 지리적인 이점으로 많
이 알려져 있다.

세계의 음악축제

미국 애스펀 음악축제	·시기: 매년 여름에 개최 ·장소: 미국 콜로라도주 애스펀 ·특징: 1949년 시카고의 사업가 월트 패프케의 주도로 시작한 괴테 200주년 음악제가 애스펀 음악제의 시초가 되었다. 각 장르별 클래식음악을 주로 연주하며 음악축제와는 별도로 애스펀 음악학교를 운영한다.
프랑스 여름음악축제	·시기: 매년 1년 중 낮이 가장 긴 6월 21일에 개최 ·장소: 프랑스 전역 ·특징: 프로, 아마, 즉 록, 재즈의 열린 무대로 개최되는 음악축제로 1951년 모리스 플러레의 주창으로 당시 문화부 장관인 자크랑에 의해 만들어졌다.
독일 다름슈타트 음악제	·시기: 짝수 년도의 격년제로 7~8월에 개최됨 ·장소: 독일 다름슈타트 ·특징: 현대음악의 조류를 가늠할 수 있는 50년이 넘는 국제적인 현대음악 축제이다.
핀란드 사본린나 페스티벌	·시기: 매년 7월 ·장소: 핀란드 사본린나 고성(古城) ·특징: 올라빈린라의 고성을 현장으로 주로 오페라를 공연하는 페스티벌이다.
핀란드 쿠호모 페스티벌	·시기: 매년 7월에 2주일 정도 개최 ·장소: 핀란드 쿠호모 ·특징: 30년 전통의 실내악 공연의 음악페스티벌

영국 워매드(WOMAD: World Of Music Art & Dance) 축제	·시기: 매년 ·장소: 영국을 중심으로 하여 세계 각국에서 개최할 수 있다(워매드 조직위원회에 신청) ·특징: 세계 각국의 민속음악을 대중음악과 결합해 현대적으로 재창조해내는 음악무용축제로 워매드 조직위원장 토머스 브루만을 포함한 6인의 집행위원회에서 축제의 공연참가자를 선발한다.
이탈리아 시기애나 음악축제	·시기: 매년 7~8월 경 ·장소: 이탈리아 시기애나 ·특징: 1932년 '시기 사라시니' 백작이 자신의 궁성과 예술작품을 기증하여 개최되었으며 르네상스에서 현대음악에 이르는 모든 연주자들을 초빙하여 마스터 클래스와 레슨 그리고 연주를 통해 훈련을 하는 것으로도 유명하다.
이탈리아 피렌체 5월 음악제	·시기: 매년 5월(1937년 이전에는 3년에 한 번씩) ·장소: 이탈리아 피렌체 ·특징: 1933년에 창설된 피렌체 5월 음악제는 독특한 제작방식으로 유명하다. 오페라제작에 영화감독을 연출자로 초빙하거나 무대장치 혹은 의상 디자이너로 세계적인 화가나 조각가를 기용한다.
한국 교향악축제	·시기: 매년 4~5월 중 ·장소: 예술의 전당 ·특징: 국내 교향악단의 음악축제로서 예술의 전당에서 1998년을 맞이하여 제10회를 기획하고 있으며 20세기 작곡가의 작품을 의무적으로 연주하는 것이 특징이다.

체코 프라하 5월 음악제	·시기: 매년 5월 12일 개막 ·장소: 체코의 프라하시 전역 ·특징: 1946년 '체코 필하모니관현악단' 50주년에 맞추어 당시의 상임지휘자였던 라파엘 쿠벨리크가 창설을 주도하여 50년이 넘는 전통과 역사를 가지고 있으며 프라하의 봄과 관련하여 정치적 영향 속에서도 꾸준히 개최하여 동구의 음악적 향기를 지니고 있는 축제이다.
캐나다 휘슬러 음악축제	·시기: 매년 8월 개최 ·장소: 캐나다 밴쿠버 휘슬러 스키리조트 ·특징: 캐나다 밴쿠버의 스키리조트에서 비시즌을 이용하여 개최되는 음악축제
독일 바이로이트 음악축제	·시기: 매년 7월 개최 ·장소: 독일 바이로이트 ·특징: 바그너 악극으로만 음악축제를 개최한다.
서울 세계피리축제	·시기: 매년 7~8월 개최 ·장소:한국 국립국악원 ·특징: 각국의 전통악기 중 민족인 정서가 배어 있는 피리만을 골라 연주를 하는 무대이다.
체코 크롬로프 음악축제	·시기: 매년 6월 ·장소: 체코 크롬로프 ·특징: 덴마크 여왕, 스웨덴 국왕, 영국 왕실 등 유럽의 왕족들이 해마다 6월에 크롬로프 성을 방문할 즈음 중세 바로크 음악이나 가면무도회를 개최하여 축제를 연다.

폴란드 크라코프 음악축제	·시기: 매년 4월~11월 ·장소: 폴란드 크라코프 ·특징: 2년 동안 3번에 걸쳐 음악제를 개최하는데 1998년에는 베토벤 음악제(4월 8일~13일), 펜데레츠키 음악제(9월 18일~10월 10일), 모자이크 음악제(11월 8일~13일)로 꾸몄다
프랑스 콜마 음악제	· 시기: 매년 7월 · 장소: 프랑스 알사스 지방의 콜마 · 특징: 중세 고도인 콜마를 격의 없는 연주와 음악과 포도주, 관광을 묶어 휴가철 특산 문화 상품으로 만든 여름음악제
영국 프롬 음악축제	· 시기: 여름 휴가철 · 장소: 영국 런던 · 특징: 공영방송 BBC가 개최하는 100년 전통의 영국 최대 음악회로 배낭족에서 펑크족까지 참가하는 클래식 음악의 열린 무대이다.
오스트리아 잘츠부르크 음악제	· 시기: 매년 연중 · 장소: 오스트리아 잘츠부르크 · 특징: 이 음악제는 1월에 '잘츠부르크 모차르트 페스티벌'로 시작하여 5월과 6월 사이에는 봄축제, 7월과 8월에는 여름축제를 연다. 우리가 보통 잘츠부르크 음악제라고 부르는 축제는 이 여름축제를 말하며 12월에 강림절을 마감으로 하여 일년 내내 음악축제를 열어 '잘츠부르크'를 음악의 도시라고 부른다.

지적소유권

지적소유권에는 저작권과 산업재산권이라고 하는 공업소유권
이 있다.

1. 지적소유권의 분류
가. 저작권
저작권에는 협의(俠義)의 저작권과 컴퓨터 프로그램저작권이 있다.
나. 산업재산권
 1) 특허권: 발명에 대한 보호
 2) 실용신안권: 고안에 대한 보호
 3) 의장권: 미적 미관(美的 美觀)의 창작에 대한 보호
 4) 반도체칩 배치설계권
 5) 영업비밀 보호권
 6) 상표권
 7) 상호권
 8) 부정경쟁방지법상의 권리

2. 저작물의 종류
가. 어문: 소설, 시, 논문, 강연, 연설, 수필, 각본, 편지, 일기 등
나. 음악: 악곡 및 이를 수반하는 가사
다. 연극: 연극, 무용, 무언극 등
라. 미술: 회화, 서예, 도안, 조각, 공예, 응용미술작품, 만화 등
마. 건축: 건축물, 건축을 위한 모형, 설계도서 등
바. 영상: 영화, TV방송프로그램, TV광고 등
사. 컴퓨터 프로그램
아. 도형: 지도, 도표, 설계도, 약도, 모형 등

자. 사진

차. 2차적 저작물: 원저작물을 번역, 변형, 편곡, 각색, 영상제작 그 밖의 방법으로 작성한 창작물로 독자적인 보호됨

타. 기타: 소재의 선택이나 배열에 창작성이 있는 것으로 예로서 백과사전을 들 수 있다.

3. 저작권의 종류

가. 저작인격권

1) 공표권: 자신의 저작물을 공표하거나 하지 않을 것을 결정할 권리

2) 성명표시권: 저작자의 실명(實名) 또는 이명(異名)을 표시할 권리

3) 동일성유지권: 저작물의 내용, 형식 및 제호의 동일성을 유지할 권리

나. 저작재산권

1) 박제권: 자신의 저작물을 인쇄, 사진, 녹음, 녹화 등의 방법에 의하여 유형물로 다시 제작할 권리

2) 공연권: 자신의 저작물을 일반공중이 직접 보게 하거나 듣게 할 수 있는 권리

3) 방송권: 자신의 저작물을 방송할 권리

4) 전시권: 미술저작물 등의 원저작물이나 복제물을 전시할 권리

5) 배포권: 원작품 또는 복제물을 일반 공중에게 양도하거나 대여할 수 있는 권리

6) 2차적 저작물 등의 작성권: 원저저작물을 2차적 저작물 또는 구성부문으로 편집저작물을 작성하여 이용할 권리

4. 저작재산권의 보호기간

저작재산권은 대개 50년이지만 구체적인 것은 저작권법을 참고해야 한다.

가. 저작권: 저작자 사후 50년

나. 저작인접권: 50년

다. 컴퓨터프로그램: 창작 후 50년

저작권

저작권은 저작물에 대해 창작자가 가지는 권리를 말하는데 지적소유권의 범위에 소속되는 한 분야에 속한다. 지적소유권의 가장 기초적인 개념을 알아두었다가 필요할 때 사용하면 좋을 것이다. 저작권을 제대로 이해하고 실무에 적용하기 위해서는 전문적인 교육을 받거나 저작권 전문가의 자문이 필요하다. 이벤트 기획자는 저작물과 저작권에 대한 개념을 이해하는 것이 중요하며 이러한 기초적인 지식을 가지고 이벤트를 기획할 때는 보다 세밀하게 공부하여 실무에 적용하여야 할 것이다.

저자인 **이봉훈**은
1950년 경남 산청에서 태어났다.
숭실대학교 사회사업과를 졸업하고 1978년 3월 KBS 5기로 입사해
20여 년 동안 줄곧 이벤트 사업부문에서 일해왔다.
그동안 LA올림픽 개선축제, KBS바둑대축제, KBS서울신인음악콩쿠르,
88서울올림픽홍보 우정의 사절 선발대회, 올림픽문화예술축전 음악제,
서울국악대경연, 올림픽 주경기장 개장기념행사 등을 치렀으며
현재 KBS 시청자센터 시청자사업부 차장으로 재직중이다.
저서로『이벤트 교과서』가 있다.

이벤트 이야기

ⓒ 이봉훈, 1999

지은이／이봉훈
펴낸이／김종수
펴낸곳／도서출판 한울

편집부장／온현정
편집／이경희

초판 1쇄 인쇄／1999년 1월 25일
초판 1쇄 발행／1999년 2월 1일

주소／120-180 서울시 서대문구 창천동 503-24 휴암빌딩 201호
전화／편집 336-6183(대표) 영업 326-0095(대표)
팩스／333-7543
등록／1980년 3월 13일, 제14-19호

Printed in Korea.
ISBN 89-460-2605-7 93680

* 가격은 겉표지에 있습니다.